I0188578

Wilhelm Grevel

Elsabetha
geborene Gräfin von Manderscheidt und Blankenheim, Fürst-Äbtissin des Stifts Olfen von 1575-1578

Salzwasser

Wilhelm Grevel

Elsabetha
geborene Gräfin von Manderscheidt und Blankenheim, Fürst-Äbtissin des Stifts Olfen von 1575-1578

1. Auflage | ISBN: 978-3-84606-394-1

Erscheinungsort: Paderborn, Deutschland

Erscheinungsjahr: 2012

Salzwasser Verlag GmbH, Paderborn.

Nachdruck des Originals von 1889.

Wilhelm Grevel

Elsabetha

geborene Gräfin von Manderscheidt und Blankenheim, Fürst-Äbtissin des Stifts Olfen von 1575-1578

Salzwasser

Beiträge

zur

Geſchichte von Stadt und Stift Eſſen.

Herausgegeben

von dem

Hiſtoriſchen Verein für Stadt und Stift Eſſen.

Dreizehntes Heft.

Inhalt:

Elsabetha,

geborene Gräfin von Manderscheidt und Blankenheim,
Fürst-Äbtissin des Stifts Essen von 1575—1578

von

Wilh. Grevel.

Mit 33 urkundlichen Anlagen und einer Tafel in Lichtdruck.

Zugleich als Beitrag zur Geschichte des Schlosses und der Herrschaft
Broich bei Mülheim a. d. Ruhr.

Elsabetha,

geborene Gräfin von Manderscheidt und Blankenheim, Fürst-Äbtissin
des Stifts Essen von 1575—1578.

In der langen Reihe der Fürst-Äbtissinnen des freiweltlichen
Stifts Essen verdient Elsabeth, geborene Gräfin von Manderscheidt
und Blankenheim, welche von 1575 bis 1578 dem Stifte vorstand,
wohl mehr Beachtung, als ihr bisher von den Geschichtsschreibern zu
teil geworden ist.

Nicht bloß die Zeitperiode und die eigentümlichen Verhältnisse,
unter welchen sie zur Regierung gelangte, und ihre Regierung selbst,
sondern auch ihre Person und die Schicksale, die sich nach ihrer freiwilligen Resignation mit ihr verknüpfen, müssen unser ganz besonderes
Interesse erregen.

Geboren und aufgewachsen im Zeitalter der Reformation und
unmittelbare Zeugin der Ausbreitung derselben in der Stadt und im
Stift Essen scheint sie schon vor und bei ihrer Wahl zur Äbtissin derselben zugeneigt gewesen zu sein; sie war die erste Fürst-Äbtissin, welche
eine Kapitulation unterzeichnen mußte und die erste und einzige, welche
nach noch nicht dreijähriger Regierung ihre Äbtissinnen-Würde freiwillig niederlegte [1]) und heiratete.

Sonderbar ist es nun, daß trotz dieser auffallenden Erscheinungen,
welche sich an ihre Person und Regierungszeit knüpfen, in den vorhandenen Äbtissinnen-Katalogen darüber eine völlige Verwirrung herrscht.
Verzeihlich ist es noch, wenn man ihren eigentlichen Namen Elsabeth
oder Elsbeth mit Elisabeth verwechselt, obgleich gerade hier, wo
nachher mehre Elisabethe und darunter auch eine Elisabeth von Manderscheidt und Blankenheim die Fürst-Äbtissinnen-Würde bekleideten, der

---

[1]) Die Resignation (freiwillige Amtsniederlegung) einer Äbtissin war aller-
dings schon dagewesen, indem Cunegunda von Berg (de Monte) im Jahre 1337
freiwillig zurücktrat. Sie war 1328 gewählt und lebte noch 1346. Cunegunda
war gleichzeitig Pröbstin von Rellinghausen und Äbtissin von Gerresheim, eine
Schwester des Grafen Adolf von Berg. Ebenso resignierten im Jahre 1426 die
Äbtissin Margareta von der Marck und im Jahre 1521 Meyna von Oberstein.
Vergl. Kindlinger, Ms. Tom. 87. p. 14 u. Tom. 105. p. 51. T. 105. p. 99.
T. 109. p. 251 ff. Lacomblet, Archiv. VI, S. 86. Kindlinger, Siegeloblat. S. 40.

Unterschied genau festzuhalten war; wenn sie aber, wie dies von mehren Geschichtsschreibern geschehen, einfach übergangen wird, so ist dies unverständlich. So sagt Funcke in seiner Geschichte von Essen:[1]

> „Auf Irmgard von Diepholz, 1561—1575, folgte Elisabeth
> von Sayn, welche in dem lateinischen Katalog fehlt. Ein
> Anderer hat vorher noch Elisabeth von Manderscheid und
> Bronkenheim[2]) 1575—1578, wo sie resignierte", u. s. w.

Bucelinus in seinem großen Werke: Germania topo-chrono-stemmato-graphica (1652—1672) führt als 57. Äbtissin des Stifts Essen auf:[3]) „Elisabeth V de Manderscheidt a Blankenheim", erwählt am 15. Mai 1578, sie resignierte in demselben Jahre und heiratete Wiricus, Herrn zu Broich: „et nupsit Wirico Comiti de Falkenstein, domino in Broich".

Im Verzeichnis bei Stangefoll[4]) fehlt Elsabeth ganz, während in Troß' „Westphalia" (Hamm 1826) nur registriert wird, daß eine Elisabeth von Manderscheidt und Blankenheim, geb. 1540, im Jahre 1588 erwählt und 1598 gestorben sei; eine andere kennt er nicht. Endlich ist im „Catalogus Abbatissarum regalis ecclesie Assindensis" von Wiricus Hiltrop bei Seibertz[5]) zwischen Irmgard von Diepholz und Elisabeth von Sayn „Elsbetha de Manderscheidt" als 50. Äbtissin aufgeführt, ohne Angabe der Jahreszahl.

Selbst in der neuesten Zusammenstellung der verschiedenen Äbtissinnen-Kataloge von O. Seemann[6]) ist im Text der Name unserer Äbtissin unrichtig angegeben; allerdings wird in den angehängten Anmerkungen erwähnt, daß er „Elsabeth" heißen müsse,[7]) nachdem bereits im Jahre 1879 die Sache von mir richtig gestellt war.[8])

Hiernach dürfte es endlich an der Zeit sein, in diesen Wirrwarr volle Klarheit zu bringen und der Fürst-Äbtissin Elsabetha denjenigen Platz anzuweisen und zu sichern, welcher ihr in Wirklichkeit und auf Grund gewissenhafter Forschung gebührt.

---

[1]) S. 127.

[2]) Muß natürlich heißen „Blankenheim"; ebenso unrichtig ist „Blankenstein", wie mehrere Kataloge sagen.

[3]) Tom. II. S. 147.

[4]) Opus chronolog. et histor. circuli Westphalici. 1656. Tom. II. S. 155.

[5]) Quellen der Westfäl. Geschichte, S. 458.

[6]) Beiträge zur Gesch. d. Stadt u. Stift Essen. Heft V. S. 19.

[7]) Ebendas. S. 39.

[8]) In den Materialien zur Gesch. d. Stadt Steele, Sep.-Abdr. aus dem Ruhrboten 1878/1879, S. 16 ff. Auch „Kindlinger" verwechselt die Namen (Stift Essend. Landesarchiv, I. Abt. VIII. Fach Nr. 1).

Wenn ich es versuche, in nachfolgenden Blättern diese Aufgabe zu lösen, soweit das vorliegende und mir zugängliche Material dies gestattet, so hoffe ich dadurch wenigstens eine Anregung zu weiteren Forschungen über diese namentlich für unsere Gegend so interessante Zeitperiode zu geben

Vor ihrer Wahl.

Die reichsgräfliche Familie Manderscheidt hatte ihren ursprüng= lichen Sitz in der Eifel im Kurfürstentum Trier, sie hat ihren Namen von der Burg und dem Flecken Manderscheidt; im 15. Jahrh. kam sie in den Besitz der Grafschaften Schleiden, Blankenheim, Gerolstein ꝛc. und davon nannten sich die verschiedenen Linien. Die Grafen von Manderscheidt waren aber auch Vasallen der Erzbischöfe von Köln wegen Schloß Gelsdorf und Schloß und Herrlichkeit Saffenberg, und in der Stadt Köln besaßen sie schon 1359 den Hof Valkenstein.[1]

Man unterscheidet 4 Linien der Manderscheidt:

A. Linie zu Manderscheidt, Schleiden und Virneburg.

B. „ „ Blankenheim.

C. „ „ Blankenheim=Gerolstein.

D. „ „ Keil und Falkenstein.

Unsere Linie Manderscheidt=Blankenheim beginnt mit Arnold I., dem Sohne (17. Kind) Johanns I., Grafen zu Blankenheim und Gerolstein, und Margaretha Gräfin von Mark und Arenberg; derselbe erhielt in der Teilung die Grafschaft Blankenheim, die Herr= schaften Junkerath und Erp und einen Anteil an Dhaun 1548. Er starb 1548, nachdem er 1534 Margaretha von Wied, Witwe des Grafen Bernhard von Bentheim=Steinfurt, geheiratet. Aus dieser Ehe entsprossen 9 Kinder:[2]

1. Hermann, 1548, Graf zu Manderscheidt=Blankenheim, starb 1604.

2. Ottilie, starb 1597, heir. Reinhard Graf Leiningen=Westerburg.

3. Johann, geb. 1538, Fürstbischof zu Straßburg, starb 1592.

4. Magareta, Äbtissin zu Elten und Vreden, starb 1593.

5. Elisabeth, Äbtissin zu Essen von 1588 bis 1598, starb 1598.

6. Everhard, Probst zu St. Paulin, starb 1610.

7. Elsabeth, Äbtissin zu Essen von 1575—1578, starb 1586, heiratete Wirich v. Dhaun, Graf zu Falkenstein.

8. Ursula, starb jung.

[1] Vergl. A. Fahne, Gesch. d. Kölnischen Geschl. I. S. 267.
[2] A. Fahne, Gesch. der Grafen u. Fürsten zu Salm=Reifferscheidt, I. Bd. II. Abt. S. 68 ff.

9. Arnold II., Graf zu Manderscheidt und Blankenheim, folgte 1604 seinem Bruder und starb 1614.[1]

Es scheint, daß gerade im 16. Jahrh. diese Familie sehr aus= gebreitet war, denn sie lieferte in dieser Periode namentlich unserm Stift Essen eine ganze Reihe von Stiftsdamen und Würdenträgerinnen, ja in der Zeit von 1570 bis 1574 finden sich deren sogar 4 ver= zeichnet. Von diesen verdient Magdalena, Gräfin von Manderscheidt und Blankenheim, deshalb unsere besondere Beachtung, weil aus dem bei ihrer Aufnahme zu führenden Nachweis ihrer abligen Herkunft sich ergiebt, daß die Manderscheidt ihren Stammbaum auf die Hohen= zollern zurückführen können. Es ist kein Geringerer, als der Erz= bischof Salentin von Köln, welcher 1571 persönlich für die Gräfin eintritt und den Stammbaum verbürgt. Die in den Anlagen[2] wörtlich abgedruckte Urkunde ist auch, ganz abgesehen von den be= treffenden Persönlichkeiten, schon als solche und als ein Beispiel der bei der Aufnahme von Stiftsdamen zu beobachtenden Formalitäten von Interesse.

Der Gräfin Elsabeth begegnen wir als Mitglied des Capitulum Canonicarum des Kaiserl. freiweltlichen Stifts Essen urkundlich zuerst 1561[3] und zwar als Kapitular=Jungfer und Pröbstin von Relling= hausen, und sodann 1563[4] zu Essen schon als Dechantin des Stifts Essen. Ihre Schwester Elisabeth von Manderscheidt und Blankenheim wird gleichzeitig als Pröbstin daselbst genannt; beide waren also zu dieser Zeit schon in hervorragenden Stellungen und die damaligen Verhältnisse brachten es mit sich, daß sie gleich nach der Wahl der Äbtissin Irmgard von Diepholz, 1561, an die Spitze einer energisch geführten Opposition gegen diese sich gestellt sahen.

Bei dieser Wahl waren außer der späteren Äbtissin Irmgard nur 3 Kapitular=Jungfern zu Essen anwesend und zwar 1) Elisabeth, Gräfin zu Manderscheid und Blankenheim, Pröbstin, 2) Elisabeth von Manderscheidt und Blankenheim, Dechantin, und 3) Margarethe von Honstein, Kapitularin.

---

[1] Eine Enkelin Arnolds II., Anna Salome v. M. u. Bl., wird im J. 1688 zur Fürst=Äbtissin von Essen erwählt, deren Schwester, Clara Elisabeth († 1688), war Stiftsdame daselbst.

[2] unter Nr. 10.

[3] Kgl. Staatsarchiv, Wetzlar.

[4] Kindlinger, Manuskr.=Samml. Tom. 110. p. 19.

Diese sowohl als auch das Kanonichen = Kapitel kamen sofort in Konflikt mit der neugewählten Äbtissin. Irmgard war nämlich vorher Pröbstin gewesen, und sie mußte nach ihrer Wahl, den alten Satzungen entsprechend, den pröbsteilichen Archivschlüssel nebst Siegel, die pröbstei= lichen Höfe und Ämter nebst Pfründen und Einnahmen, die mit dieser Stellung verbunden, der nachfolgenden Pröbstin überliefern. Sie behielt nun nicht nur alles dieses an sich,[1]) sondern wollte auch noch dem Kapitel etliche Gräfinnen gegen Statuten und Gewohnheit aufdrängen.[2]) Dies erregte schon allgemeinen Unmut, Proteste und Prozesse; die Zerwürfnisse erreichten aber ihren Höhepunkt, als die Fürstin nun auch noch anfing, die auswärtigen Stiftshöfe zu verschleudern.[3]) Dazu kam, daß sie die Canonici, weil diese aus Angst, gefangen gesetzt zu werden, nicht in der Abtei erschienen, suspendierte und als sie sich bei dem Erzbischof in Köln beschwert hatten, ihre Einnahmen sperrte.

So handelte es sich schließlich um einen völligen Aufstand der beiden Kapitel, Stiftsdamen und Canonici, gegen die regierende Fürstin Irmgard von Diepholz; nach Lage der Sache kann man annehmen, daß bei diesem die Pröbstin und Dechantin eine Hauptrolle spielten. Am Tage Margarethae virginis des Jahres 1565 übergaben sie in Beisein von Notar und Zeugen ihre Klageartikel;[4]) dieselben betrafen u. a. den Abgang an Kornrenten und Hämmeln, welche die Äbtissin in das Back= und Schlachthaus des Viehhofes zu liefern hatte, den Schulrektor Math. Cardanus, dessen Kontrakt nicht gehalten war, die Vorenthaltung der Kirchenämter, die Verwaltung der Kirchenfabrik, sowie anderer Ämter und Amtshöfe, „die Lieferung des Salmen, welche auch hinter= blieb, die Vernachlässigung der alten katholischen Religion und der Hoheiten und Gerichte, die Schlüssel zum Archiv, welche den Kapiteln vorenthalten wurden". Außerdem wurde ihr noch zur Last gelegt, daß sie die Verdrängung des Pastors aus der St. Gertruden=Kirche und die „Zulassung der fremdseitischen Prädikanten" geduldet,

---

[1]) So heißt es in einer Urkunde des Kapitels von 1565, welche beginnt: „Wyr Elizabeth und Elsabeth geporne Gräfinne zu M. u. Bl. Pröbstin und Dechantin", 2c. am Schluß: „Dweil wir itzo aus besonderen Ursachen unseren Capittels= Siegel nit haben zu gebrauchen". S. Anl. Nr. 3.

[2]) Kinblinger, Ms. Tom. 109. p. 251 ff. Troß, Westphalia 1826, S. 229.

[3]) So den Hof Kirdorf und den Zehnten in der Herrlichkeit Bebbur, einige Münsterische Höfe u. dgl. Den Stiftshof Kirdorf verkaufte sie ihrem Günstling Niclas Reppelmund erblich für 600 Rthlr. (ebendas.).

[4]) Kinblinger, Ms. Tom. 109. p. 257.

die Pfründen ꝛc. der Münster= Gertrudis= und Johannes=Kirchen preis=
gegeben, dem Rat der Stadt Essen die Appellationen sowie eine Reihe
anderer abteilicher Berechtfame preisgegeben, u. dgl. —

Man sieht, daß nicht nur die Kapitel, sondern auch Stände,
Unterthanen und Stadt höchst unzufrieden waren. Das Kapitel war
so aufgebracht, daß es beratschlagte, ob es die Fürst=Abtissin zu Rom,
beim Kaiser oder beim Erzbischof von Köln verklagen und auf ihre
Absetzung antragen sollte, oder eine Vermittlung versuchen, und
zwar durch den Herzog von Cleve als Schutzvogt. Deshalb wurde
1569, nachdem ein durch Herzog Wilhelm von Cleve im Jahre 1565
vermittelter Vergleich ohne Wirkung geblieben war, seitens des Essener
Kapitels eine neue umfangreiche Klageschrift dem Domkapitel in
Köln eingesandt und der Kölnische Official Gropperus um seinen
Rat ersucht.[1]

Das Resultat war schließlich der der Fürst=Abtissin aufgenötigte
sog. Clevische Vertrag vom 14. Dezember 1569,[2] durch welchen in
12 Artikeln im wesentlichen die erwähnten Klagepunkte beseitigt werden
sollten. In Wirklichkeit ward indessen der Vertrag nicht beobachtet und
die Streitigkeiten zwischen Fürstin und Kapitel dauerten fort. Namentlich
wurde von seiten der Äbtissin dem Kapitel und der Ritterschaft vor=
geworfen, daß sie nicht nur selbst zu den Reichssteuern Nichts beitragen
wollten, sondern ihr auch immer Hindernisse in den Weg legten, wenn
sie solche von ihren Unterthanen einsammeln wollte. Anderseits wurde
dagegen, wohl auch nicht mit Unrecht, behauptet, daß die Fürst=Abtissin
die Steuern zwar einziehe und Schatzungen erhöbe, dieselbe aber nicht
an das Reich ab= und ihrer Bestimmung zuführe.[3] Genug, die Ver=
waltung des Stifts lag thatsächlich im Argen und die finanziellen Ver=
legenheiten spitzten sich immer mehr zu; die eigentliche Schuld aber lag
wohl weniger an der Fürstin selbst, als an einigen Günstlingen und Räten.[4]

Als solche werden in erster Linie genannt Licentiat Nicolaus Reppel=
mundt und sein Sohn Thomas, und Canonicus Gerhard Emporius.[5]
Gegen den ersteren wurde sogar im Jahre 1570 ein Prozeß seitens des

---

[1] Kindlinger, Ms. Tom. 109. p. 256. Troß, Westphalia a. a. O.

[2] Kindlinger, Ms. a. a. O.

[3] Ebendas. Tom. 109 a. a. O.; Tom. 110. S. 23 ff.

[4] Manche interessante Einzelheiten über diese Zustände finden sich bei Fr. Gerß,
Höfe und Hofesrechte des ehem. Stifts Essen. (Zeitschr. d. Berg. G.=Ver. XII,
S. 121 ff.)

[5] Troß, Westphalia 1826. S. 230.

Kapitels beim Reichskammergericht anhängig gemacht. Die bezüglichen Akten tragen die Bezeichnung: „Frau Pröbstin und das ganze Kapitul zu Essen pp. Appellanten, contra Doctorem Nicolaus Neppelmundt Appellaten.[1])

Irmgard hatte nämlich, wie oben schon angedeutet, durch Urkunde vom 6. Juli 1565[2]) dem Nicolaus Neppelmundt, der Rechte Licentiaten „unsern Rat, Gevattern und lieben Getreuen, und Margarethen Pesch, gen. von Mülhem, seiner Frau, Bürgern zu Köln", den Hof und Zehnten zu Kirdorf, im Gericht Beddur gelegen, verkauft. In der Vollmacht für die Prokuratoren der Kläger, welche in dieser Sache Notar Wirich Heltorf (Hiltrop) von Essen am 20. März 1569 auf= nimmt, treten als Intervenientinnen auf

Elisabeth, Gräfin von Manderscheidt u. Blankenheim, Pröbstin,
Elsabeth, Gräfin von Manderscheidt u. Blankenheim, Dechenin, und
Margaretha, Gräfin zu Hohenstein, Küstersche,

als Kapitular=Jungfern „des K. fr. Stifts und Collegiatkirchen binnen Essen".[3]) Doch komme ich auf diese Verhältnisse bei der Wahl Elsabeths noch zurück.

Von den Übergriffen der Äbtissin wurden aber die Pröbstin und Dechantin, welchen die Einkünfte aus gewissen und bestimmten Stifts= gütern von Alters her zugewiesen waren, vielfach und fühlbar betroffen, andererseits wußten die Beamten, Rentmeister und Amtsleute nicht recht, an wen sie sich zu halten hatten und fischten selbst im Trüben. Namentlich scheint dies bei den im Münsterlande belegenen Oberhöfen Berkorst und Oeding der Fall gewesen zu sein, denn hier kam unterm 10. Juli 1571 durch Vermittelung des Bischofs von Münster und Administratoren beider Stifter Osnabrück und Paderborn ein förmlicher Vertrag[4]) — d. d. Horstmar, daher Horstmarischer Vertrag — zustande zwischen der Fürst=Äbtissin Irmgard, Johann von Beverförde und Bridag von Laer, dann der Dechantin Elsabet von Manderscheidt und Blankenheim und schließlich Diedrich von Cloedt zu Ahlen.

Aus dem Jahre 1570 liegen 2 Urkunden vor, welche von den beiden Schwestern Elsabeth und Elisabeth von Manderscheidt und

---

[1]) Staatsarchiv Wetzlar, Lfde. Nr. 603. Gef. E. N. 1924.
[2]) Ebendas. fol. 41 ff. Vergl. auch: Zeitschr. d. Berg. G.=V. XII, S. 133. — Als Sekretär der Fürstin figuriert Petrus Koch; derselbe unterzeichnet aber Petrus Coci. Der Name kommt später häufig vor.
[3]) Ebendas. fol. 89. S. auch Anlage Nr. 4.
[4]) Kindlinger, Ms. Tom. 120. S. 309. Anlage Nr. 9.

Blankenheim gemeinschaftlich ausgestellt und auch unterzeichnet sind, die
erste ist vom 11. Januar datiert:[1])

> „Elisabeth und Elßbeth geschwestere geborne Gräfinnen
> zu Manderscheid und Blankenheim des freiadlichen Stifts
> Essen Pröbstin und Decanisse ꝛc. Dat. Essen unter unser der
> Decenissen Pettschaft.“

Das zweite Schreiben[2]) — Datum Essen den 25. Novbr. 1570 — ist
an die Münsterschen Amtleute gerichtet mit der Weisung, ihre Hofes-
leute auf den Essendischen Gütern gegen die Bedrückungen der Vridags
und Beverfördes zu schützen:

> „Wir Elisabeth und Elßbeth geschwistern ꝛc., des kayser-
> lichen freyedlen Stiffts Essen Pröbstyn und Decheniße Capitulare
> bekennen hymit, ꝛc. Datum Essen d. 25. November 1570.“

Wir sehen überhaupt, daß in diesen schlimmen verworrenen Zeiten
die beiden Schwestern stets Hand in Hand gehen und schon dadurch
innerhalb des Kapitels einen großen Einfluß ausüben mußten; es
scheint auch, daß sie diesen Einfluß nicht zum Nachteil des Stifts und
der ihnen unterstellten Höfe mißbraucht haben, wenn auch immer
die Opposition gegen die Fürst-Äbtissin hindurchblickt. In dieser Beziehung ist von ganz besonderem Interesse ein Brief ihres Bruders,
des Grafen Hermann von Manderscheidt, d. d. Arnsberg den
20. August 1569,[3]) der zugleich ein Licht auf die ganzen Verhältnisse
wirft und zeigt, wie man auch in damaliger Zeit schon auf Umwegen
manches zu erreichen wußte.[4]) Pröbstin und Dechantin schickten dieses
Schreiben ihres Bruders vorsichtigerweise an ihren Amtmann Diedrich
von Cloedt zu Ahlen,[5]) welcher unterm 24. Januar 1570[6]) antwortet,
indem er auf das eindringlichste vor den Beiden (v. Vridag und
v. Beverförde) warnt. Diese warten auch die verlangte Belehnung gar
nicht ab, sondern dringen mit Gewalt auf die Güter und pfänden und
plündern daselbst. Die hierdurch wiederholt hervorgerufenen lauten
Klagen der armen Bauern bei Fürstin und Kapitel veranlassen resp. be-
schleunigen den Abschluß des oben erwähnten „Horstmarischen Vertrages“.

---

[1]) Anlage Nr. 7.
[2]) Kindlinger, Ms. Tom. 120. p. 283.
[3]) Anlage Nr. 6.
[4]) Außer diesem Hermann, der uns in späteren Jahren noch häufig begegnet,
hatten, wie oben (S. 7) angeführt, Elisabeth und Elsabeth noch drei Brüder:
Johann, Eberhard und Arnold. Johann war Bischof von Straßburg.
[5]) Anlage Nr. 7.
[6]) Anlage Nr. 8.

Derselbe Graf Hermann von Manderscheidt und Blankenheim spielt um diese Zeit auch in der Stadt Essen eine Rolle und er scheint in dem zwischen den Kapiteln und der Fürst = Äbtiffin ent= brannten Streite ganz entschieden zu gunsten der ersteren und für seine Schwestern Partei genommen zu haben; diese Parteinahme steigerte sich sogar zu offenen Gewaltthätigkeiten, wie aus einem beim Reichskammer= gericht gegen ihn seitens der Fürst-Äbtiffin eingeleiteten Prozeß[1]) hervor= geht. Nach dem Ladungsbrief vom 25. August 1571, welcher ihn des Landfriedensbruchs beschuldigt, hatte Hermann, der im Hause seiner Schwestern „binnen Essen"[2]) seine Wohnung aufgeschlagen, in der Nacht vom 25. und 26. August 1570 mit seinen Kumpanen „so mit Feuerbüchsen, Knebelspießer, Ärten, Hebeln und anderen feindlichen Gewehren wohl gerüst und versehen", die zu einem Gefängnis ein= gerichtete und verhältnismäßig gut befestigte Windmühle vor dem Limbecker Thor gewaltsam erstürmt und daraus mehre Gefangene — genannt wird Johann Keistgen — befreit und mitgeführt.[3]) Damit aber nicht genug, hat er nach vollbrachter That diesen Gefangenen, von dem anzunehmen ist, daß er ebenfalls in den Streitigkeiten zwischen Fürstin und Kapitel eine Rolle gespielt, mit sich nach Essen in seiner Schwestern Haus genommen und ihn später über die Grenze in Sicher= heit gebracht. In dieser seiner Schwester Wohnung hat er dann noch „der Frau Abtissin zum sunderlichen Trotz und Verachtung, auch Ver= kleinerung Irer und Ires Stiffts Hoheit und Regalien, Gastereien, Gesellschaften und Freudspiel angerichtet, als ob er ein menn= lichs ausgerichtet".

---

[1]) Äbtiffin zu Essen, Klägerin, gegen Hermann, Graf zu M. u. Bl., Beklagten. Reichskammergerichts=Akten im Kgl. Staatsarchiv zu Wetzlar (Nr. 604).

[2]) Auch die Kapitularinnen scheinen hiernach Wohnungen in der Stadt, außer= halb der Burgfreiheit, gehabt zu haben.

[3]) Wörtlich heißt es in dem Kaiserl. Mandat vom 15. Aug. 1571: „und bei sulcher nachtlich weil Dich zu einem Thurm und Gesenknus, die Windmüll genent, außerhalb der Stadt, doch im Stift Essen bei der Limpechter Portten gelegen, genoct, In die Thürn und Schloffer desselben angefangen zu schiessen, hauen und werfen, und obwol Jr der klagenden Abtissin inwendige Diener und Thurm=Hüter die Thüren mit Holz, Grendelen und Steinen verlegt, und den un= pilligen gewalthätigen Einfall gern verhüttet, so sein doch die arme erschrockene Leuth von wegen des gerüsteten Beistandtz also übergewältigt und abgemattet worden, daß sie zuletzt mit sulchem beharrlichem Schiessen, Hauen und Werfen die Thüre und Schloß solchs Thurms und Gesencknus zerbrochen und entzweit, hinein= getrungen und einen Johan Keistgenn, so seiner Mißhandlung halber zu underst im Thurm verwaret gelegen, herausgenommen und hinweggeführt", u. s. w.

Aus diesem Vorfall geht so recht deutlich hervor, wie die Verhältnisse damals sich zugespitzt hatten und bis zu welchem Grade die Gemüter erhitzt waren. Dergleichen wäre aber nicht möglich gewesen, wenn nicht auch die Stadt Essen auf Seiten der Kapitel und ihrer Anhänger gestanden und gegen die Fürst-Äbtissin Partei ergriffen hätte, denn es heißt ausdrücklich noch, daß der Thorwächter dem Hermann und seinen Genossen nachts das Thor geöffnet habe, und dies geschah doch gewiß nicht ohne besondere Einwilligung der Bürgermeister oder der städtischen Behörde.

Dieser Kriegszustand zwischen Stadt und Fürstin ist erklärlich, wenn man berücksichtigt, daß gerade in den ersten Regierungsjahren Irmgards die Reformation in Essen dauernd zum Durchbruch kam und fast die ganze Stadt derselben anhing.

Sodann fällt in diese Zeit der Anfang des großen Prozesses zwischen Fürstin und Stadt, welcher, nachdem lange und scharfe Plänkeleien vorausgegangen, vom Jahre 1567 datiert und eigentlich gar nicht zum Austrage gebracht ist. Es handelte sich darum, ob die Stadt, wie sie hier auf Grund Kaiserlicher Privilegien zuerst behauptete, reichsunmittelbar war oder ob sie die Fürst-Äbtissin als Landesherrin zu betrachten hatte. Das erste Urteil in diesem mit großer Erbitterung geführten Prozesse wurde am 4. Februar 1670 vom Reichskammergericht zu Speyer verkündet; es war für beide Teile unbefriedigend. [1] Der direkte Anlaß für die Stadt, mit ihren Ansprüchen hervorzutreten, waren die geforderten Beitragsquoten zu den ausgeschriebenen Reichs- und Kreissteuern. [2] In der diesbezüglichen Klagebeantwortung der Stadt vorm Reichskammergericht behauptet nämlich der Anwalt derselben:

„Und in specie anzuzeigen, daß Gegenanwaldt von wegen der Frau Klägerinnen seines angemaßten Klagens nicht befugt, sage beclagter Anwaldt erstlich wahr sei, daß die Statt Eßen, und als die beclagte Bürgermeister, Rath und Gemeinde daselbst, von alters der Kayserl. Majeſtät und dem heiligen Reich teutscher Nation ohne Mittel unterworfen/sind".

[1] Abgedruckt bei Dr. F. Ph. Funcke, Geschichte des Fürstentums und der Stadt Essen. 1848. S. 345.

[2] Staatsarchiv zu Wetzlar, laufende Nr. 587. Preußen. Gef. 160. E. Das betr. Akten-Fascikel ist signiert: Frau Irmgart Abtissin des weltlichen Stifts Essen contra das Capittel, Geistliche, Bürgermeister, Rath und Gemeinde der Stadt Essen. 1567 bis 1801. Das erste Mandat im Namen des Kaisers Maximilian, 2. Juli 1567 in Rellinghausen und d. d. 3. Juli in Essen insinuiert, hat die Aufschrift: „Frauen Irmgarten des kayserl. freyen Weltlichen Stiffts Essen Abbatissin contra

Am 17. September 1567 stellten die Beklagten eine notarielle
Vollmacht für ihren Kammergerichts=Advokaten aus; hierzu erschienen vor
dem Notarius Publicus Gobert Tutman in Essen „die Erwürdige,
Edle und Wolgeborne Capitular=Gräffynnen, Pröbstin, Dechaniß
(Elsabeth von Manderscheidt und Blankenheim) Küstersche und Kelnersche,
auch die würdigen und wolgelehrten Herren Dechan und semptliche
Kanoniche, samb die von der Ritterschaft".

Sie verwahren sich gegen den Vorwurf der Fürstin, daß sie sich
„sunder aller Pilligkeit, trutzig und widerwärtig gegen die Abtissin
erzeigen und ganz ungehorsam" verhalten. Die Urkunde schließt:
„Geschehen und verhandelt zu Essen, In der Münsterkirchen uff derer
Ehrw. u. Wolgeborn Gräffynnen Chor" — (in Gegenwart der Zeugen
Christoffer vom Berge und Johan Heckt). —

Was war natürlicher, als daß bei diesen langandauernden und
vielgestaltigen Zerwürfnissen die verschiedenen Gegner der Fürst=Abtissin
Bundesgenossen wurden und zwischen den Kapiteln resp. deren Haupt=
gliedern und der Stadt eine Interessengemeinschaft sich herausbildete,
welche sich im Laufe der Jahre immer weiter entwickelte. Vielleicht ist
auf diese Weise auch die im Jahre 1561 noch nicht vorhandene, später
immer mehr hervortretende Hinneigung der Gräfin Elsabeth zur
evangelischen Lehre zu erklären.

Auch bei dem großen Prozeß war sie und zwar in doppelter
Beziehung beteiligt und angeklagt; einmal als Mitglied der „unge=
horsamen Kapitel" und sodann als Pröbstin des renitenten Stifts
Rellinghausen.

Elsabeth als Pröbstin von Rellinghausen.

Es wurde schon oben erwähnt, daß Gräfin Elsabeth zuerst im
Jahre 1561 als Pröbstin des abligen Damenstifts Rellinghausen auftritt.

Irer F. F. Gnd. ungehorsame Capittel, Geistlichen, Bürgermeister, Rath und
Gemeinheit Irer Stat Essen und den auch Ires Stiffts Incorporirten und
zugehöriger Kapittel und Ingesessene des Gerichts Rellinghausen." Aus den
Insinuations=Vermerken ist hervorzuheben: „Zum britten beken ich bei obgemeltem
Aid, Jahr und den 3. July vormittags umb 9 Uhr zu Essen in der Stiffts=
Kirchen Im Kapittel hab ich den Ehrwürdigen und Hochgebornen Elisabethen
(muß heißen: Elsabethen) Dechantin, eine geborne von Manderscheib, Margereta
von Honnstein, Canonissen des Stifts und Kapittels zu Essen und Her Friedrich
Burhold Vicarii daselbst das Kaiserliche Original verkünt.

Egidius Schemmel Botmeister."

Dieses nur wenige Kilometer von der Stadt Essen gelegene, von der Essendischen Äbtiffin Mechtildis II. im 10. Jahrhundert gestiftete ursprüngliche Kloster und später freiweltliche Fräulein-Stift stand von Anfang in einem gewissen Abhängigkeits-Verhältnisse zum Stift Essen; hatte sich aber im Laufe der Zeit ziemlich selbständig entwickelt und auf eigene Füße gestellt, so daß es namentlich im 16. und 17. Jahrhundert sogar ernstlich die Reichsunmittelbarkeit beanspruchte.

An der Spitze des Rellinghauser Kapitels funktionierte als eigentliches Haupt desselben eine Pröbstin, dann kam die Dechantin; thatsächlich hatte sich aber das Verhältnis so gestaltet, daß die Leitung der Geschäfte und des ganzen Stifts in den Händen der Dechantin sich befand. Diese gehörte, wie auch die Kapitular-Jungfrauen, in der Regel dem niederen Adel der Umgegend[1]) an, während die Pröbstin aus dem gräflichen Stande erwählt wurde.

Äußerlich hatte sich nun das ursprünglich engere Verhältnis zum Stift Essen darin erhalten, daß zur Pröbstin von Rellinghausen stets eine gräfliche Kapitularin von Essen genommen wurde;[2]) man darf wohl annehmen, daß dies ursprünglich eine statutarische Bestimmung war, die man später als alte Gewohnheit beibehielt.

Thatsächlich durfte die erwählte Pröbstin keine Amtshandlungen vornehmen, bevor sie nicht von der Fürst-Äbtiffin von Essen bestätigt war.

„Die neu gekorne Pröpstin hat die Bestätigung und Confirmation Jrer Probstei zu Rellinghausen bei einer regierenden Äbtiffin 2c. gesinnen, bitten und erlangen müssen."[3])

Ebenso hatte die Äbtiffin zu Essen sowohl zu Stoppenberg als auch in Rellinghausen von altersher das Jus precum primarium:[4])

„Es hat denn auch weil. Frau Elsabeth Äbtiffin zu Essen, geb. Gräfin zu Manderscheidt und Blankenheim anno 1575

---

1) und zwar meistens Westfalens.

2) Staatsarchiv, Wetzlar, lfde. Nr. 585, Gef. E. Nr. 1904, fol. 219. In den Abbitional- und Deklaratorial-Akten der Fürstin Elisabeth vom J. 1580 wird das ganze Verhältnis, wie es von Effendischer Seite aufgefaßt wird, dargelegt.

3) Ebendas. Vergl. auch die Kapitulation der Pröbstin Margareta Elisabeth v. Manderscheidt-Gerolstein, d. Anno 1589. Ebendas. fol. 155.

4) Das Recht, die vornehmsten und ersten Präbenden zu verleihen oder die mit diesen Präbenden oder Einkünften dotierten Stellen zu besetzen, resp. Kapitelsdamen zu ernennen.

Präbenden (Pröven) waren regelmäßige Einkünfte für die Glieder des Stifts, bestehend theils aus Naturallieferungen (Lebensmittel) für den täglichen Unterhalt, teils wohl auch aus Wein, Kleidung oder aus Geld. Ursprünglich bedeutete eine Pröve das, was eine Person im Stifte zu ihrem Unterhalt überhaupt brauchte

im August die Edle Jungfer Hilariam v. Naeßfeld, sodan anno 1616 die jetzige Abtissin Maria Clara die Jungfer Catharina von dem Bergh uff dem Stift zu Rellinghausen per preces primarias präsentiert, selbige sind zu gemeltem Stift auch capitularite angenommen.[1])

Anderseits hatte die Abtissin zu Essen die Sturmglocke zu Relling= hausen von altersher mit Fett, Schmier und Seilen zu unterhalten, und es wurde zu diesem Zweck aus dem Kapitels=Schlachthaus zu Essen jährlich dem Küster zu Rellinghausen Rinderfett geliefert.[2])

Dies alles verhinderte aber nicht, daß sich beide Stifter häufig befehdeten, und namentlich im Laufe des 16. und 17. Jahrhunderts die Irrungen sich bis zu langwierigen Prozessen beim Reichskammergericht und blutigen feindlichen Einfällen in das gegenseitige Gebiet steigerten.

So finden wir in den 50er Jahren des 16. Jahrhunderts als Pröbstin von Rellinghausen Maria Gräfin von Spiegelberg, Dechantin zu Essen; als dieselbe im Jahre 1560 nach dem Tode von Katharina v. Teklenburg zur Äbtissin erwählt worden, sollte sie zufolge besonderen Abkommens mit dem Kapitel das Amt einer Pröbstin zu Rellinghausen noch 3 Jahre weiter bekleiden.[3]) Sie starb aber im September 1561 und damit war auch die Probstei wieder erledigt.

Schon im folgenden Monat Oktober schritt man zur Neuwahl und da wurde Elsabeth, Gräfin zu Manderscheid und Blankenheim, Kapitularin des Stifts Essen, gewählt, und zwar auf besondere Für= sprache Friedrichs Grafen zu Wied[4]), Dombechanten zu Köln, und des

ober nötig hatte und es waren deshalb soviele Präbenden da als Stifsbamen. Als sich später die Zahl der letzteren erheblich verringerte, die alten Einkünfte aber dieselben blieben, gab es einen Überschuß an Präbenden oder Pröven; in diese theilten sich die vorhandenen Kanonissen. So waren 1652 fünfzig Präbenden vorhanden, dagegen nur wenige Damen, die nun einen Modus über die Verteilung beschlossen. — Man unterschied jährliche, wöchentliche, tägliche Präbenten (Praebenda annua, septimana seu hebdomadalis, quotidiana); auch gab es Festtags= und Fast= tags=Pr., u. f. w. Sie waren auch wohl nur persönliche; so stiftete Graf Eber= hard von der Mark im J. 1386 solche für 2 seiner Töchter, welche in das Stift Essen als Kanonissen eintraten, mit der Bedingung, daß, wenn eine dieser Töchter „eynen Man krige off sturwe", die am längsten Bleibende die ganzen Präbenden be= ziehen sollte: „so sal bey to Essende lengest blivet allene geervet sin." (Kind= linger Man. T. 46 p. 74.)

[1]) Staatsarchiv Wetzlar, Lfde. Nr. 619, Gef. E. Nr. 1941.

[2]) Ebendas. Lfde. Nr. 623, Gef. E, Nr. 1945.

[3]) Ebendas. Lfde. Nr. 619, p. 166.

[4]) Wahrscheinlich ein Onkel Elsabethas, denn ihre Mutter war eine geborene Margareta von Wied, Tochter des Grafen Johan von Wied (A. Fahne, Salm= Reifferscheid I. 2. Abt., S. 68).

mehrgenannten Bruders der Elsabeth, Grafen Hermann zu Mander=
scheid und Blankenheim. Beide untersiegeln auch die Kapitulation
vom 29. Oktober 1561. Diese letztere ist in vielfacher Beziehung
so interessant, daß ich sie in den Anlagen[1]) vollständig mitteile.

Über die Wahl selbst heißt es bei Gelegenheit eines Prozesses,
welchen die spätere Äbtissin Maria Clara gegen das Stift Relling=
hausen führte:[2])

"1561 ist Fräulein Elsabeth geb. Gräfin zu Manderscheid
und Blankenheim, Capitularin des Stifts Essen, zur Pröbstin
in Rellinghausen erwählt. Diese erwählte Pröbstin wurde
durch beide Capitular=Jungfern zu Rellinghausen, Mechtild
von Hugenpoet und Anna Mallinkrodt mit Zuziehung ihrer
Diener, Christoffer von Brügge und Johann Stallknecht, der
Frau Abtissin zu Essen, geb. Gräfin von Diepholz ꝛc. präsentiert
und unterthänig gebeten, Sie erwählte Pröbstin zu confir=
mieren, wie beschehen."

Die ganze Stellung einer Pröbstin von Rellinghausen brachte es
mit sich, daß bei den laufenden Geschäften ihrer nicht regelmäßig
Erwähnung geschah, und so hören wir auch von Elsabeth während
dieser Zeit nicht viel; nur in einzelnen Urkunden, wie die obige von
1569, wird sie mit ihrem Titel als Pröbstin angeführt.[3]) Nur ein
einziges Mal greift sie scharf ein und auffallenderweise ganz im Wider=
spruch mit ihrem späteren Leben in streng katholischem Sinne, indem
sie, als die Stiftsdamen in Rellinghausen 1572 ihren Pfarrgeistlichen
ersuchten, ihnen die Kommunion in beiderlei Gestalt zu reichen, diesem
Ansinnen mit großer Entschiedenheit entgegentrat und eigens einen
Licentiaten absandte, welcher den Geistlichen ernstlich davon ab=
mahnen sollte.[4])

Wegen dieser ihrer Haltung, die, wenn die Darstellung richtig ist,
mit ihren späteren Handlungen in direktem Widerspruch steht, hat
Elsabeth eine besondere Belobigung erhalten.[5]) Es muß dabei aller=
dings hervorgehoben werden, daß als einzige Quelle für diese That=
sache eine Denkschrift[6]) angeführt wird, welche um 1660 erst

[1]) Anlage Nr. 1.
[2]) Staatsarchiv Wetzlar, Lsbe. Nr. 619, fol. 24 ff.
[3]) Anlage Nr. 6. Vergl. auch Kinblinger, Ms. Tom. 120, p. 152, 277.
[4]) J. Karsch, Gesch. d. evang. Gem. Rellinghausen. Beitr. zur Gesch. von
Stabt u. Stift Essen, X, S. 10 u. 15.
[5]) Ebendas. S. 13.
[6]) Dieselbe befindet sich nach Karsch, a. a. O. S. 9 im Königl. Staatsarchiv
zu Düsseldorf.

verfaßt wurde und weder Unterschrift noch Datum trägt. Als absolut zuverläſſig in hiſtoriſchem Sinne kann alſo dieſe Urkunde wohl kaum gelten. Indes iſt anderſeits in Einklang damit die von Elſabeth bei ihrer Wahl (ſ. unten) beſchworene Kapitulation, welche ihr u. a. zur Pflicht macht, die katholiſche Religion zu begünſtigen.[1])

Dies Verhalten Elſabeths muß umſomehr Verwunderung erregen, als nach ihrer Wahl zur Äbtiſſin von Eſſen das thatſächlich der Refor=mation zugethane Rellinghauſer Kapitel mit ihr einen beſonderen Ver=trag abſchloß, wonach ihr das Recht eingeräumt wird, das Amt einer Pröbſtin noch drei volle Jahre weiter zu verwalten. Das ebenfalls intereſſante Aktenſtück findet ſich in den Anlagen[2]); man erſieht daraus u. a., daß ernſthafte Streitigkeiten wegen des Mönckhofs=Gut in Überruhr zwiſchen dem Kapitel und der Pröbſtin ausgebrochen waren, welche ſogar zu einem Prozeſſe geführt hatten. Der Herzog Wilhelm von Cleve wird zum Schiedsrichter ernannt.

Später wird denn auch Elſabeth, 1576 den 14. Mai, in einem für den Gerichtsbezirk Rellinghauſen ausgeſtellten Behandigungsbriefe noch als Pröbſtin daſelbſt angeführt:[3])

„Elſabeth, erwölte Abdiſſen deß kayſerlichen freyw. ſtiffts Eſſen, geporne Frauen zu Manderſcheid und Blankenheim, pröbſtin zu Rellinghauſen" u. ſ. w.

Es mag noch erwähnt werden, daß in der Zeit, als ſie dem Stift Rellinghauſen vorſtand, Irrungen zwiſchen Eſſen und Rellinghauſen vor=kamen wegen eines Turmbaues an der Pforte zu Steele. Es war dies im Jahre 1566. Dieſer Turm, der wahrſcheinlich als Teil der Befeſtigung zur Sicherung der Stadtmauer errichtet war, ſollte widerrechtlich auf Rellinghauſer Gebiet erbaut worden ſein.[4])

Zur Zeit der Pröbſtin Elſabeth wurde auch Wilhelm von Eyll zur Baldeney mit der Vogtei von Rellinghauſen (und dem Kämmer=

---

[1]) Anlage Nr. 12.
[2]) Nr. 2.
[3]) Privat=Urk., im Beſitz des Mühlenbeſitzers J. Müller in Rellinghauſen.
[4]) Kindlinger, Regiſtratur d. St. Eſſen. L.=Arch. I, Abt. XVI, Fach Nr. 15a. Die Rellinghauſer Grenze ging dicht an Steele vorbei bis nach Horſt und bis in die neueſte Zeit ſchloß die Gemeinde Bergerhauſen, zu Rellinghauſen gehörig, die Stadt von der Ruhr ab. Die kirchliche Trennung beſtand bis heute noch; erſt im Auguſt dieſes Jahres iſt die „Umpfarrungs=Urkunde" veröffentlicht, wonach der Erzbiſchof von Köln unterm 14. März 1889 beſtimmt, daß der zur Stadt=gemeinde Steele gehörende Teil der Pfarrei Rellinghauſen mit der Pfarre Steele verbunden werden ſoll. — Die Beſtätigung der Königl. Regierung zu Düſſeldorf datiert vom 27. Juni a. c.

2*

lingsamt im Stift Essen) seitens der Äbtissin Irmgart belehnt. Der Lehnbrief, in welchem u. a. Eberhard von Scheuren zu Horst auf der Ruhr als Zeuge vorkommt, ist datiert vom Jahre 1563, den 26. März.[1])

Ebenso wurde unterm 18. April 1564 ein Vergleich zwischen dem Kapitel zu Rellinghausen und Wilhelm von Eyll durch Vermittlung des Herzogs Wilhelm von Cleve geschlossen.[2])

Elsabeths Nachfolgerin in der probsteilichen Würde zu Relling= hausen war Anna, Gräfin von Dhaun=Falkenstein, ebenfalls Kapitular=Fräulein zu Essen.

Wahl zur Äbtissin von Essen.

Als am 28. Juni 1575 die Fürst=Äbtissin Irmgard von Diepholz starb,[3]) waren die Verhältnisse im Stift Essen, wie wir oben gesehen haben, recht verwickelte und schwierige sowohl nach außen wie nach innen, und es war gewiß kein leichtes und sorgenloses Amt, welches ihrer Nachfolgerin aufgeladen werden mußte. Deshalb war es erklärlich, wenn die beiden Kapitel, welche die Wahl einer neuen Äbtissin vor= zunehmen hatten, darüber in ernsteste Beratung traten.

Von den Stiftsdamen — Capitulum Canonicarum — waren zur Zeit nur 3 vorhanden, d. h. im Stift anwesend,[4]) und zwar:

1. Elisabeth, Fräulein zu Manderscheid und Blankenheim, Pröbstin,
2. Elsabeth, Fräulein zu Manderscheid und Blankenheim, Dechantin,
3. Magdalena, Fräulein zu Manderscheid und Blankenheim=Gerol= stein, Küstersche.

Die beiden Kapitel traten am 2. Juli zusammen und indem sie die Wahl auf den 11. desselben Monats ausschrieben, richteten sie gleichzeitig an die abwesenden Kanonissen die förmliche Aufforderung, sich zur Wahl einzufinden.[5])

Wir ersehen aus diesem interessanten Schriftstück gleichzeitig die Zahl und die Namen der Canonici — Capitulum Canonicorum —;

---

[1]) Kindlinger, Ms. Tom. 108, S. 347. Zeitschr. d. Berg. Gesch.=Ver. VII, S. 80.

[2]) Ebendas. Tom. 108, S. 258.

[3]) Kindlinger, Ms. Tom. 105, p. 151. Kindlinger, Nachr. vom ältesten Gebrauch der Siegeloblaten u. des Siegellacks im 16. u. 17. Jahrh. 1799. S. 81.

[4]) Es scheint, daß noch zwei andere existierten, welche aber gleichzeitig aus= wärtige Ämter bekleideten und nicht in Essen sich aufhielten. Kindlinger (T. 109, p. 1) schreibt noch am Rand dazu: Elisabeth, Gräfin von Sayn, u. N. Gräfin von Schaumburg. Daß überhaupt noch mehr Kanonissen des Stifts existierten, geht aus der Einladung vom 2. Juli hervor.

[5]) Anlage Nr. 11.

als solche funktionieren neun: Hermannus Helling Decanus, Gerharbus
Schwan senior, Johannes Judicis, Johannes Hessehuis, Everharbus
Bortrop, Jodocus Segebot, Henricus Hiltorp, Elbertus Hessehus und
Hinricus Braem. Sie werden Canonici Capitulares genannt.

Mittlerweile und bevor die Wahl selbst erfolgte, fanden aber noch
wichtige Beratungen innerhalb der Kapitel statt, die nach den Erfahrungen
während der Regierung Irmgards und nach den zahllosen Streitig=
keiten und Kompetenz=Konflikten innerhalb des Stifts selbst nur zu sehr
geboten schienen. Es mußte notwendig der Eigenmächtigkeit der Äbtissinnen,
welche bei Irmgard in so schroffer und das Stift schwer schädigender
Weise hervorgetreten war,[1]) vorgebeugt werden. So entstand die erste
Wahl=Kapitulation bei der Äbtissinnenwahl im Stift Essen; dieselbe
sollte von der neu gewählten Äbtissin beschworen werden und das
geschah auch hier thatsächlich, als Elsabeth von Manderscheid und
Blankenheim erwählt wurde.

Über die Beweggründe zur Einführung einer solchen Kapitulation
sprechen sich bei Gelegenheit der folgenden Wahl, nach der Resignation
Elsabethas im Jahre 1578, die Kapitel deutlich aus:

„Als nach Absterben weiland Irmgard von Diepholt, der
Äbtissin p. p. Pröbstin, Dechantin, Küstersche und sämmtliche
gräflicher Geburt Capitularinnen, Dechant und Canoniche zu
Abwendung von allerhand des löblichen alten frei=
weltlichen Stifts obliegenden besorglichen Beschwer=
nuffen zu des Stifts Wohlfahrt, Aufwachses und Gedeihen, auch
Erhaltung gewünschten Friedens und Einigkeit für die
selbiger Zeit ausstehende Wahl und Election sich etlicher Sachen
und einer bestendigen Capitulation capitulariter vereinigt,
verglichen, vertragen[2]) ꝛc.“

Die Abmachung hatte damals (1575), wie wir von Kindlinger[3])
erfahren, am 8. Juli stattgefunden; es wurde darin bestimmt, falls an
dem schon angesetzten Wahltage die Dechantin (Elsabeth von Mander=
scheid und Blankenheim) zur Äbtissin erwählt würde, so sollte sie ihrer
Schwester der Pröbstin (Elisabeth) das im folgenden Jahre ledig
werdende Amt oder den Hof Brockhausen[4]) einräumen auf 25 Jahre,
wogegen die Pröbstin von ihrer Wahl zum Küchenamt absteht, welches

---

1) Dr. Gerß, a. a. O. — Karl Sinemus, a. a. O.
2) Kindlinger, Ms. Tom. 105, p. 188.
3) Ebendas., Tom. 109, p. 1.
4) Essenbischer Oberhof bei Unna (Königsborn) gelegen.

bei der zukünftigen Äbtiffin verbleiben follte. Die Küfterfche Magbalena foll den Hof Ückendorf[1]) haben. Unterzeichnet ift diefes Abkommen von Elifabeth Pröbftin, Elfabet Dechantin, Magbalena Küfterfche, Eifabeth Frl. zu Sayn, Äbtiffin zu Rotteln, Hermann Graf zu Sayn und Rotger v. d. Horft.[2]) So war die Wahl alfo gründlich vorbereitet.

Die mehrfach erwähnte Wahl-Kapitulation von 11. Juli 1575 ift im Wortlaut in den Anlagen[3]) abgedruckt.

Aus diefer Wahl-Kapitulation lieft man eine vollftändige Gefchichte der während der Regierung der Äbtiffin Irmgard v. Diepholz zwifchen diefer und den Kapiteln vorgefallenen Irrungen heraus. Hervorzuheben ift der durchaus ftreng katholifche Grundton, welcher das ganze Schrift- ftück durchzieht, und es werden bei der Redaktion deffelben wohl die Canonici einen beftimmenden Einfluß ausgeübt haben, vielleicht auch der päpftliche Offizial. Immerhin ift es auffallend, daß Elfabeth diefe Kapitulation nicht bloß unterzeichnet, fondern auch befchworen hat.[4])

Als nun die neue Fürft-Äbtiffin nach ihrer Erwählung in üblicher Weife beim Kaifer die Regalien-Beftätigung oder Belehnung nach- fuchte, fand fich, daß die zwei letzten Regalienbriefe, weil die Taxe dafür nicht gezahlt, noch nicht expediert waren. Die diesbezüglichen Verhandlungen von 1575 ergaben, daß ein folcher Regalienbrief, wie er Elfabethen erteilt wurde, 50 Goldgulden koftete.[5]) Die päpft- liche Beftätigung ift überhaupt nicht erfolgt. Kindlinger fagt darüber:

> „Die päpftliche Konfirmation zog fie mit Fleiß in die Länge, obfchon des Herzogs von Cleve Agent und Rat, der fich damals in Rom aufhielt, auf Betrieb des Herzogs fehr in die Äbtiffin drang. Die Urfache war, daß fie fchon bei der Wahl befchloffen hatte, zu heiraten."[6])

---

[1]) Effenbifcher Oberhof bei Wattenfcheib. 1574 war die Pröbftin zu Effen Oberfte Hoffchultin des Hofes Ueckendorf. S. Kindlinger, Ms. Tom. 180, p. 232. — 1585 war dann thatfächlich die Küfterfche Margaretha Elifabeth Oberfte Hof- fchultin diefes Hofes. Ebendaf. S. 234.

[2]) Kindlinger, Ms. Tom. 105, p. 186.

[3]) Anlage Nr. 12.

[4]) Das im Kgl. Staatsarchiv zu Düffeldorf befindliche Exemplar enthält am Schluß die Worte: „Wir Elfabeth Erwelte Abbiß bekennen und gelawen wie obfteit."

[5]) Kindlinger, Ms. Tom. 110, p. 76; Tom. 119, p. 1.

[6]) Ebendaf., Tom. 109, p. 1 ff.

Von anderer Seite wird geradezu behauptet, daß die versagte Bestätigung des päpstlichen Stuhles auf ihre persönliche Hinneigung zur Sache der Reformation zurückzuführen sei. Bezeichnend ist auch, was K. Sinemus in seiner Schrift ·„Die Reformation und Gegenreformation in der ehemaligen Herrschaft Breisig (Barmen 1883) über Elsabeth sagt:[1]

„Die neu gewählte Äbtissin Elfabetha (auch hier steht irrtümlich Elisabetha) geb. Gräfin von Manderscheid und Blankenheim scheint es aber (trotz der Wahlkapitulation von 1575) nicht für ratsam gehalten zu haben, in die kirchlichen Verhältnisse zu Breisig mit Gewalt einzugreifen. Die von dem effendischen Stiftskapitel nach Breisig zur Untersuchung der dortigen Verhältnisse gesandte Kommission, welche am 28. und 29. November 1577 dort tagte, mußte als Resultat ihrer Untersuchung u. a. melden, daß die katholische Religion „der Orte allerdings hingenommen" und „andere widerwärtige Lehr ingefuert." . . . Auch ist es nicht unwahrscheinlich, daß diese Äbtissin deshalb gegen die Evangelischen in Breisig einzuschreiten unterlassen hat, weil sie damals im Herzen bereits selbst evangelisch war."

Elsabeth als Fürst=Äbtissin.

Berücksichtigt man die kurze Zeit, die sie dem Stift Essen vorstand, so muß man gestehen, daß die Fürstin Elsabeth während ihrer Regierung manches geleistet und viel zur Ordnung der ganz verfahrenen Verhältnisse im Stift beigetragen hat. Zuerst galt es die finanziellen Schwierigkeiten, die durch Nichtbezahlung der Reichs=, Türken= und Kreis=Steuern entstanden waren, zu beseitigen. Da die Fürstin Irmgard mit Recht für diese Mißstände persönlich verantwortlich gemacht werden mußte, da sie zwar die Steuern eingezogen, aber nicht abgeführt hatte, so wurde sofort nach ihrem Tode ihre Nachlassenschaft mit „Kummer" (Arrest) belegt.[2]

Behufs Ordnung dieser Angelegenheiten schrieb nun Elsabeth sogleich einen Landtag auf den 3. November 1575 aus; da aber auf diesem niemand von den Erben der Äbtissin Irmgard, als welche der minderjährige Graf von Diepholz und Eberhard von Schueren

---

[1] Seite 33.
[2] Kindlinger, Ms. Tom. 109, p. 258 ff.

zur Horst auf der Ruhr genannt werden [1]) erschienen, so wurde ein anderer Termin auf den 28. November angesetzt und es wurde von der Äbtissin, dem Kapitel und der Ritterschaft eine Kommission ernannt, welche die Sache mit den genannten Erben regeln sollte. Diese Verhandlungen endeten mit dem Vergleich vom 6. Dezember 1575, durch welchen die Erben die Rückstände an Kammerzielern alle zu bezahlen übernahmen und für die Rückstände an Reichssteuern der neuerwählten Fürstin und den Essendischen Ständen eine Summe von 1500 Rthlr., jeden zu 52 Albus gerechnet, abzuzahlen versprachen. [2]) Die betreffende Urkunde beginnt:

„Nachdem die Hochwirdige Fürstin und Fraw, Fraw Elsabeth geborne Grävinne zu Manderscheidt und Blankenheim ꝛc., des Kaiserlichen freiweltlichen Stiffts Essen Erwelte Abbisse zu eingangh Jrer F. G. Regierung bei deß heiligen Römischen Reichs= und des Niederlendischen Westphälischen Kreiß=Steuern, anlagen, u. s. w. ...."

Actum zu Essen Anno 1575 d. 6. Dezember. [3])

Es unterzeichnen:

Elsabeth Freulein zu Manderscheidt und Blankenheim, Erwelte Abbissin zu Essen,

Wernher Schenck, Dr. J.,

Hermannus Gellinger, Dechant,

---

[1]) Es wird dies bestätigt in den Prozeßakten: „Irmgart Abtissin contra Adrian Verschwortten" im Staatsarchiv zu Wetzlar, lfbe. Nr. 595, Gef. E, Nr. 1916, und zwar fol. 78: „Item wahr, daß jüngst abgestorbene Abtissin die von Diepholz in crafft solchs den wolgebornen Friedrichen Graven zu Diepholz und Bruncfhorst, auch den Eblen und Ehrenvesten Eberharbten von Scheuren Hern zur Horst uf der Nuir in ultima voluntate zu ihren Erben eingesetzt."

„Item wahr daß beide obgemelte Graf und Herr vorst. Erbschaft als verordnete Haeredes angetretten ..."

„Item wahr, daß sie auch .... als Haeredes vorbemelter Testirinnen hinterlassene Schulden auch theils Reichsnachständige Steuern auch Cammergerichts=Unterhaltung, bei ihrer Testirinnen Regierung solchem Stift auferlegt .... zu bezahlen an sich nehmen müssen ..."

Bei einer Zeugen=Vernehmung im Jahre 1595 werden die Personalia des Everd v. Scheuren festgestellt wie folgt:

Eberharbt von Scheuren, Herr zur Horst auf der Ruhr, ablichen Stammes, Stands und Herkommens, wie auch weltlichen Stands, von keiner Hantierung, sondern leben Ihrer Renten und Gefällen, geboren binnen Essen, erzogen auf dem ablichen Haus zur Horst, daher auch der Reichthum zu ermessen u. s. w. (Staatsarchiv zu Wetzlar.)

[2]) Kindlinger, Ms. a. a. O. Vergl. auch Tom. 110, p. 24.

[3]) Ebendas., Tom. 110, p. 25.

Goeßen von Raeßfeldt, Marschalk,
Dyderich von Aßbeck,
Herman Huyßschen, Dr. J. (Huyssen?),
Hanß Ledebuir,
Evert von Schuiren zu Horst.

Mittlerweile, und wie es scheint im engsten Zusammenhang mit den erwähnten Prozessen und der Regelung der Diepholz'schen Erbschaft wurden aber im Stift allerlei Gewaltthätigkeiten verübt, Pfändungen vorgenommen u. dgl., wovon die Anlagen einige Beweise enthalten.[1]

Vollständig muß der Zweck der obigen Manipulation, Ordnung in die allerdings sehr verfahrenen Finanzverhältnisse zu bringen und der alten Verbindlichkeiten sich zu entledigen, doch nicht erreicht worden sein, denn noch im selben Monate, auf den letzten Dezember 1575, berief die Fürst-Äbtissin die Verordneten der Stände nochmals zu einem „Ausschuß-tage" nach Essen.[2] Sie teilte denselben mit, daß trotz der 1500 Thlr., welche die Erben der Fürstin Irmgard zahlen würden, noch ein großer Rückstand an Reichs- und Kreis-Steuern zu bezahlen übrig bliebe. Man verglich sich dahin, beim Kaiser oder Reichstage und bei den Kreisständen wegen eines Nachlasses vorstellig zu werden,

„weil das Stift und dessen Unterthanen es in diesen teuren Zeiten nicht könnten und sonst mit einem unerträglichen Anschlag beladen wären".

Es waren seit 1572 neun Schatzungen ausgeschlagen worden, wovon eine noch rückständig, aber auf diese waren ebenfalls schon Vor-schüsse entnommen. Es sollen nun neue Schatzungsregister angefertigt, auch die auswärtigen Höfe darin aufgenommen und nach altem Brauche an den Kölnischen Erzbischof und an den Herzog von Cleve das Ersuchen gerichtet worden, den Hobs-Frohnen die Einforderung zu gestatten.[3] Der Fürst-Äbtissin wurde bei dieser Veranlassung aufgegeben, „alle Jahr die Stände auf Lichtmeß gegen Essen zu beschreiben, um das Schatzungswesen zu beratschlagen und mit der Rechnung Richtig-keit zu machen".

---

[1] Anlagen Nr. 13, 14 u. 16 aus dem Kgl. Staatsarchiv zu Wetzlar, Ifde. Nrn. 594 u. 595: Irmgart Abtissin zu Essen contra Adrian Verschwortten.

[2] Kindlinger, Ms. Tom. 110, p. 33.

[3] Da die betreffenden Höfe in deren Gebiet lagen. — Vergl. Kindlinger, Registratur ꝛc., II. Abt., XIII. Fach, G.=B. 1576: „Register von der Einnahme und Schätzung der Quartiere des Stifts, der Nebenkontribuenten und Neben-herrschaften der Städte Essen und Steele, der auswärtigen Höfe, alles überhaupt, und was noch restiere."

An biefen Verhanblungen nahmen teil Lubw. v. Falkenberg, Wirich
Hiltrop und Diberich von Asbeck.

Wie weit es zu biefer Zeit mit bem Krebit von Stadt und Stift über=
haupt gekommen war, beweift ein Notariats=Inftrument vom 5. Dezember
1572, aufgenommen in der Stadt Effen, in Gegenwart des Bürger=
meifters Georg Wißmann, des Rechtsverwandten Vincenz Stoet und
des Secretarius M. Laurenz Buffenfchmibt. Diefelben vermelben der
Fürft=Äbtiffin Irmgarb von Diepholz 2c., daß ein Effenbifcher Bürger
Henr. Kolckmann in Düffelborf mit feiner Ware angehalten und in
Arreft gelegt fei, und zwar auf Antrag des Pfennigmeifters
des Niederrheinifch=Weftfälifchen Kreifes, weil Stift und
Stadt Effen ihre Kreis=Kontributionen nicht gezahlt hätten und biefer=
halb Exekution verfügt fei. — Zweck der Verhanblung ift, den Kolckmann
zu befreien; die Stadt erklärt fich bereit, ihren Anteil zu zahlen.[1]

Es ift einleuchtenb, daß biefe alten Schäben nicht auf einmal
geheilt werben konnten, aber es wurde boch Ernft gemacht und fo fcheint
burch Elfabeth in ber That ein ganz anberer Geift in die Verwaltung
des Stifts Effen gekommen zu fein.

Aus biefem ihrem erften Regierungsjahr 1575 find noch einige
Urkunden erwähnenswert. So ftellt fie für die am Reichskammer=
gericht fchwebenben Prozeffe unterm 9. Dezember 1575 zwei Vollmachten
aus, mit biefem Eingang:[2]

„Wir Elfabeth v. G. G. des Kaiferlichen freiweltlichen Stiffts
Eßen erwölte Abbißin geborne Gravin zu Manberfcheib und
Blankenheim, ectr. Thun kunbt menniglich, daß wir ben hoch=
gelehrten unfern lieben getreuen Philippen Seiblin ber Rechte
Licentiaten, u. f. w. . . .

Geben uf Freibag b. 9. beß monatz Decembris Im Jhar 1575."

Ebenfo ergeht im felben Jahr feitens bes Reichskammergerichts ein
„Instrumentum Executionis et Insinuationis Citationum ad
reassumendum, p. in Sachen weil. Abr. Verfchworbt und itzo
Dethmar von Dinfinik Appellaten, contra weilanb die Hochw.
Irmgart Abbiffen zu Effen und itzt Elßbethen geb. Gräfin
zu Manberfcheib und Blankenheim 2c. itz erwölte Ab=
biffen bafelbft, Appellantin".[3]

---

[1] Staatsarchiv zu Wetzlar, lfbe. Nr. 654, litt. E 161, Nr. 1980, fol. 151:
„Gefchehen und verhandelt binnen der Stadt Effen uf der Abteien uff ben großen
Saal . . . Gobefrieb Tutman von Päpftl. u. Kaiferl. Gewalt offenb. Notarius . . ."

[2] Staatsarchiv Wetzlar, lfbe. Nr. 595.

[3] Ebenbaf., lfbe. Nr. 594, fol. 18.

Es sollen diese Citate eben beweisen, daß auch die höchsten Reichs=
behörden die Wahl der Äbtiffin Elsabeth als korrekt erfolgt ansehen
und demgemäß verfahren. Ebenso erläßt sie auch in ihrer Eigenschaft
als Äbtiffin unterm 9. November desselben Jahres ein Schreiben an
den Erbkämmerer des Stifts Effen und Gerichtsherrn von Relling=
hausen Wilh. von Eill zu Baldeney:

„Dem Ehrnvesten und frommen Unserem lieben Getreuen und
Erbkämmerlingen Wilhelmen von Eill in der Baldeney.[1])

Elsabeth erwölte Äbtiffin p. p. Unsern Gruß zuvor. . . .
Nachdem sich ißo unglücklich leider zugetragen, daß ein Junge
und Bürgerssohn allhie zu Effen an der Spillenburgs
Mühlen und also im Gericht von Rellinghausen in der Ruhr
verdrunken, und dann die Eltern und Freundschaft aus besonders
bewegenden Ursachen bitten, daß derselbige allhie zu Effen zur
Begrabung gebracht werden möchte, Und demewegen Uns umb
gnädige Verhülfung untertheniglich angelegen und gebeten, ...
Ist unser gnädigstes Gesinnen . . . . (dieses) gestatten und keine
Verhinderung thun (zu wollen).

Geben in unser Stadt Effen am 9. Novbr. 1575.“

Es erscheint sonderbar, daß in diesem Falle Elsabeth, welche als
Pröbstin doch an der Spitze auch des Stifts Relinghausen stand, noch
um Erlaubniß einkommen mußte; es ist dies aber durch die eigenthüm=
liche Gerichtsverfassung daselbst und die Stellung des Erbvogts zu
derselben bedingt.

In der Korrespondenz mit der Clevischen Regierung gehen die
Schreiben unter der Aufschrift: „Der Hochwerdigen Wohlgebornen
Frauwen Elsabeth geborne Gräwinnen tho Manderscheidt Abdißinn tho
Effen unsere gnedige Frauwen.“

Datum (z. B.) Cleve den 12. November 1575.
Hochvermeltes unseres gnedigen Fürsten und Herrn Herzogl. Räthe.“

Bezeichnend für die damaligen Verhältnisse ist auch der Inhalt einer
in den Reichskammergerichts = Akten zu Wetzlar befindlichen notariellen
Urkunde[2]) vom Jahre 1577, wonach auf Befehl der Fürstin Elsbeth durch
einen Kirchenschall in der Sanct Gertrudis=Kirche Sonntags bekannt

---

[1]) Staatsarchiv Wetzlar, Ifde. Nr. 619, fol. 79.

[2]) Prozeß Effen contra v. Beschworbt, Ifde. Nr. 594, fol. 22. S. Auszug in
der Anlage Nr. 16.

gemacht wurde, daß im Karnaper Holz die Eicheln am 26. September öffentlich verkauft werden sollten. [1]

Aus der Regierungszeit der Fürst-Äbtissin Elsabeth finden sich auch mehre von derselben ausgestellte Lehnbriefe, so

1577 den 11. Januar [2]) wird Rutger von Asbeck von ihr mit dem Oberhofe zu Kirchharpen belehnt, und

1578 den 8. Febr. Hermann von Dinsing mit der Schwanen und Belekens Hove zu Ringeltorf. [3]) Die Lehnbriefe beginnen: „Wir Elsabeth v. G. Gnd. Abtissin, geb. Gräfin von Manderscheid und Blankenheim."

Besonders bevorzugt wurde von der Fürstin Elsabeth die Stadt Steele. Dieser Ort hatte sich überhaupt sowohl früher als auch später in vielfacher Beziehung einer rücksichtsvollen Behandlung seitens der Landesherrinnen zu erfreuen. Dies zeigte sich auch bei den Schatzungen und Kontributionen, zu welchen die „Steelischen Unterthanen" entweder gar nicht oder nur mäßig herangezogen wurden. Von den Landständen wurde dies zwar wiederholt moniert und namentlich bei Gelegenheit der großen finanziellen Bedrängnis; dagegen wurde aber vorgebracht, daß es ein altes Privilegium sei und die Steuerfreiheit daher rühre, daß „die Steel'schen von wegen daß sie jederzeit uff Erfordern auff sein und volgen moißen wohin sie bescheiden". [4]) Sie waren eine Art von Leib= und Ehrenwache für die Fürstinnen und wurden in Anspruch genommen sowohl wenn es galt, Bischöfe und andere geistliche Oberherren einzuholen und zu geleiten, Prozessionen zu verherrlichen, als auch bei feindlichen Demonstrationen gegen die Stadt Essen oder das Stift Rellinghausen. [5]) Genug, Steele war die eigentliche Hauptstadt des Hochstifts Essen und zeitweise auch sogar Residenz der Fürst-Äbtissinnen, die hier mehrfach Zuflucht und Schutz suchten und fanden. So hat nicht nur Irmgard von Diepholz, Gegen-Äbtissin von Meyna von Oberstein, 1495 mit ihrem Anhang sich nach Steele geflüchtet, sondern auch Bernardina Sophia am Ende des 17. und

---

[1]) Die Eichelmast war in früheren Zeiten überhaupt von großer Bedeutung und es wurde besonderer Wert darauf gelegt, die Schweine zur gehörigen Zeit hineinzutreiben.

[2]) Kinblinger, Ms. Tom. 113, p. 230.

[3]) Ebendas., Tom. 180, p. 194.

[4]) Kinblinger, Ms. Tom. 110, p. 33 ff.

[5]) Vergl. W. Grevel, Das Militärwesen in Fürstentum und Stadt Essen. Beitr. Heft VII, S. 20—22.

Anfangs des 18. Jahrh. hier ihre Residenz aufgeschlagen, auch Franziska Christina durch Erbauung und Stiftung des Waisenhauses sich in dieser Stadt ein dauerndes Denkmal gesetzt.[1])

Genug, auch Elsabeth goß das Füllhorn ihrer Gnade über Steele aus, indem sie zuerst 1577 den 12. Juli die Stiftungs= Urkunde der Schmiedegilde daselbst bestätigt und erneuert,[2]) und sodann durch Urkunde vom 22. Februar 1578 der Stadt Steele nicht nur ihre Satzungen und Privilegien bestätigt und ergänzt, sondern auch derselben ein eigenes Siegel verleiht.

Diese Urkunde ist noch vorhanden und wird im städtischen Archiv aufbewahrt, sie ist nicht bloß bemerkenswert als eine der wenigen Original=Urkunden aus der Regierungszeit der Fürst=Äbtissin Elsabeth, sondern auch durch ihren allgemeinen Inhalt und durch die Siegel= Verleihung.[3]) Durch das freundliche Entgegenkommen des Herrn Bürgermeisters Heider zu Steele ist es dem Historischen Verein für Stadt und Stift Essen ermöglicht worden, als besondere Anlage diesem Hefte eine getreue Nachbildung der Urkunde beizufügen.[4])

Warum Elsabeth gerade die drei verschlungenen schwarzen Ringe im gelben Felde für das Siegel und Wappen der Stadt Steele wählte, habe ich bis jetzt nicht aufklären können.[5]) Es ist anzunehmen,

---

[1]) Siehe auch W. Grevel, Materialien zur Geschichte der Stadt Steele, S. 15.

[2]) Kindlinger, Registratur des Stift Essend. Landesarchiv, I. Abt., XVIII. Fach, Nr. 10. Kindlinger, Ms. Tom. 111, fol. 104. — Original im Kgl. Staats= archiv Düsseldorf, Stift Essen Nr. 331. — Abgedruckt im VIII. Heft der Beiträge (1884), S. 88 u. 89 (W. Grevel, Gilden und Ämter ꝛc.).

[3]) Anlage Nr. 17. Vergl. auch: W. Grevel, Materialien zur Geschichte der Stadt Steele, S. 10 ff.

[4]) Hergestellt in der Hof=Kunstanstalt von Edm. Gaillard in Berlin.

[5]) Dasselbe Wappen resp. Siegel führen noch:

a. die Grafen Borromeo in Italien. Auf der Isola Bella im Lago Maggiore findet man es im Schloß in allen Zimmern an Fußböden, Teppichen, Möbeln, Gemälden u. s. w., auch ist das gesamte Dienstpersonal damit gezeichnet.

b. Die alte im Kanton Schwyz ansässige Schweizer Patrizierfamilie Faßbind. Das Wappen findet sich abgebildet in „Geschichte des Kantons Schwyz" von Thomas Faßbind, Schwyz, 1833, II. Bd., Tafel I der „Wappentafeln aller lebenden freien Landmänner=Geschlechter". — Der jetzige Besitzer des „Waldstätter=Hofs" in Brunnen hat die „3 Ringe" über seiner Hausthür und auf seinem gesamten Porzellangeschirr anbringen lassen. Bei dieser Familie erklärt sich das Wappen aus dem Namen; es sind eben 3 Faßreifen.

c. Die burgundische Familie von Bourjeois=Moleron (nach Spener, Heralbik. Frankfurt 1690).

d. 1643 und 1685 siegeln Friedrich und Diedrich Stecke so.

daß besondere Beziehungen zu einer derjenigen Familien, welche dieses Siegel führten, die Veranlassung bot. Das Siegel ist denn auch nicht nur sofort eingeführt, sondern fleißig nach Anweisung der Urkunde gebraucht worden; es heißt in den Protokollen des 17. Jahrh. einfach „das Stehlische Zeichen". Dasselbe wurde beispielsweise bei Revision der Maße und Gewichte gebraucht: „die scheppel geprüffet und das Stehlische Zeichen der drey Ringen darauf gebrannt." Ebenso diente es als Fabrikstempel,[1] um die Steeler Fabrikate von denen der Stadt Essen zu unterscheiden:

„Item von den Büchsen-Schmidden soll niemandt das geringste verkauffen, eß sey dann zu vorderst von den Gilde-Meistern für auffrichtig kauffmansgut approbirt und mit einem Zeichen von drey zusahmengeflochtenen Ringen (so Wir Ihnen derzuthun ange= wiesen und verstattet) für aufrichtig verzeichnet.[2]

Es sind auch noch eine Anzahl von Privat-Urkunden vorhanden, welche mit dem Steeler Stadtwappen gesiegelt sind:

„Alß haben wyr Borgermeester wegen und mitt Consent, Wyßenn und willenn der gantzen gemeinheiten Allhir unserenn gewönlichenn Sygell hierunden . . . doen hangen",
oder: „und mitt unserem dabey getruckten Communiteet und Statt= Siegel bekrefftiget".

Dieses alte Siegel ist denn auch neuerdings wieder in Gebrauch genommen worden. Es ist in seiner ursprünglichen Gestalt abgebildet und beschrieben bei „Dr. B. Endrulat, Niederrheinische Städte= siegel".[3]

Somit ist der Name der Fürst-Äbtissin Elsabeth von Manderscheid und Blankenheim für immer aufs engste verknüpft mit der Geschichte der Stadt Steele; sie hat sich hier ein bleibendes Denkmal gesetzt. Es ist auch diese Urkunde eine der letzten bekannt gewordenen Regierungs= handlungen dieser Fürstin, denn noch in demselben Jahre legte sie frei= willig ihr Amt nieder.

---

[1] Zufällig führt auch die Firma Fried. Krupp zu Essen dasselbe Fabrikzeichen; hier soll es 3 Bandagen vorstellen, welche aber genau so verschlungen sind, wie die Ringe beim Steeler Wappen.

[2] W. Grevel, Statuten der früheren Gilden und Ämter in der Stadt Steele ꝛc. in Heft VIII der Beiträge, S. 92. — In Essen wurden damals die Gewehre von dem vereibeten Visitator mit einem Schwerte als Fabrikzeichen gestempelt und bei besonders feinen Läufen kam noch eine Krone darüber.

[3] Düsseldorf, 1882. S. 36, Tafel XI. — Vergl. auch W. Grevel, Über= sicht der Geschichte des Landkreises Essen, S. 9.

Bevor wir diesen Abschnitt schließen, dürfte es nicht unwichtig sein, namentlich mit Rücksicht auf die spätere Lebensrichtung der Äbtissin Elsabeth, einen Rückblick zu werfen auf die Gestaltung der Religions-Parteien in der Stadt Essen und speziell einzelne Ereignisse hervorzuheben, welche sich unter ihren Augen und während ihrer Regierung daselbst abspielten.

In der That hatte die Reformation in Stadt und Stift Essen unter der Regierung der Äbtissin Irmgard v. Diepholz gewaltige Fort= schritte gemacht, nachdem sie, zwar längst vorbereitet,[1] 1563 zum eigentlichen Durchbruch gekommen war. Die Herzöge von Cleve, als Schirmvögte des Stifts, standen anfangs der Neuerung durchaus nicht unfreundlich gegenüber, unterstützten sie vielmehr indirekt, auch erhielten die Töchter des Herzogs Wilhelm eine evangelische Erziehung. Doch war das ganze Verhalten des Letzteren, der schon seit 1564 infolge eines Schlaganfalls an Geistesstörung litt, ein unsicheres und schwankendes; mit dem Jahre 1567 unterlag er ganz dem spanischen Einfluß und es begannen die Verfolgungen der Evangelischen. Dazu kamen der unselige Bildersturm in den benachbarten Niederlanden um diese Zeit und die darauf folgenden Inquisitionen und Blutgerichte Albas, die nicht nur die niederländischen Provinzen verwüsteten, sondern auch die Clevischen Lande in Mitleidenschaft zogen. Alle hiesigen Orte füllten sich mit Flüchtigen. Gleichzeitig erfolgten 1567, 1572, 1574 Verfügungen gegen die Sektierer, Sakramentierer und Calvinische Sekten. Hiergegen lehnten sich nun schließlich die Stände auf und erhoben auf dem Land= tage von Cleve im August 1577 Protest; ebenso thaten dies die Märkischen Stände am 9. August zu Wickede.

Infolgedessen entschloß sich die Clevische Regierung, einen gemein= samen Landtag auf den 22. September 1577 nach Essen einzuberufen. Dieser fand in feierlichster Weise statt und Herzog Wilhelm selbst begab sich dorthin und verweilte in Essen bis zum 26. September, von welchem Tage der „Landtags=Abschied“ datiert ist.[2] Es kann hier nicht meine Aufgabe sein, auf die Gegenstände der

---

[1] W. Grevel, Die Anfänge der Reformation in der Stadt Essen, Heft XII der Beiträge.

[2] Vergl. Zeitschr. des Berg. Gesch.=Ver., Bd. I, 1863, S. 200: Der Landtag zu Essen 1577 und die Inquisition. — Albr. Wolters, Reform.=Gesch. der Stadt Wesel, 1868, S. 272 ff. — Ludw. Keller, Die Gegenreformation in Westfalen und am Niederrhein, 1881, I. Teil, S. 69 ff. — Die amtlichen Schrift= stücke und Protokolle des Landtags zu Essen finden sich bei Keller, a. a. O. S. 249 ff. Hiernach eröffnete Herzog Wilhelm am 23. Sept. morgens 8 Uhr auf dem Rathause zu Essen persönlich den Landtag.

sehr wichtigen Verhandlungen einzugehen; es genügt zu konstatieren, daß von allem diesen die Äbtissin Elsabeth unmittelbare Zeugin war, und gewiß auch von der allgemeinen Erregung mit ergriffen wurde.

Schon einige Jahre vorher, 1570 bis 1572, war Essen der Tummelplatz heftiger Streitigkeiten unter den evangelischen Theologen gewesen, welche schließlich die Berufung des berühmten Predigers und Geschichtschreibers Hermann Hamelmann im Jahre 1571 zur Folge hatten. Derselbe hatte mit den reformierten Predigern öffentliche Colloquia auf dem Rathause.[1])

Eins dieser Colloquien ist im Jahre 1572 hier in Essen im Druck erschienen,[2]) es geht also daraus hervor, daß zur Zeit Elsabeths hierselbst schon eine Druckerei war.

Bemerkenswert sind übrigens noch die Verhandlungen, welche Elsabeth während ihrer kurzen Regierung wegen des zum Stift Essen gehörigen Ländchens Breisig zu führen hatte. Es scheint, daß das Eindringen der Reformation daselbst, das Verhältnis zu Jülich als Schutzherrschaft, und ein seit dem Jahre 1311 bestehender Vertrag mit dem St. Florins = Stifte zu Coblenz wegen Besetzung der Pfarre zu Breisig Differenzen hervorgerufen hatte, welche schließlich zur Entsendung einer Kommission und zur Erstattung eines Gutachtens derselben, datiert vom 28. und 29. November 1577, führten.[3]) Schon im Jahre 1564 begegnen wir in den Breisiger Akten den Gräfinnen Elisabeth und Elsabeth als Pröbstin und Dechantin zu Essen, und sodann beginnen mit Schreiben vom 17. November 1575 die ernsteren Verhandlungen, die 1577[4]) zu dem oben angedeuteten Promemoria[5]) führten, welches u. a. allerdings konstatierte, daß die katholische Religion „der Orther

---

[1]) In J. G. Leuckfelds Historia Hamelmanni, 1721, S. 106, heißt es darüber: . . . „wie Anno 1571 Hamelmann noch General=Superintendent in Gandersheim gewesen, also ist er auch im selbigen Jahre von dem Rathe in der Stadt Essen dahin berufen worden, daß er allda" u. s. w. — Vergl. auch: Wächtler, Geschichte der evangel. Gemeinde zu Essen, 1863, S. 23. — Wolters, a. a. O., S. 281.

[2]) Siehe unter „Vermischtes" in diesem Hefte.

[3]) Staatsarchiv zu Coblenz: Acta betr. die landesherrlichen Rechte, Huldigungen, Steuern und die Verwaltungs = Korrespondenz des Ländchens Breisig, 1545 bis 1600. Das betr. Schreiben an das St. Florins = Stift ist datiert: Eßendt am 10. Juny 1564.

[4]) Anlage Nr. 15, A. B. C.

[5]) „Antzeigh was Eines Erw. Capitels Des Kay. frey=Weltlichen Stiffts Essen bey Itzig. den 28. und 29. Novemb. Dieses 77. Jahrs zu Breisich vorgenommener Erkundigungh, In Erfarungh kommen." (Staatsarchiv zu Coblenz.)

allerdings hingenommen und andere widerwertige Lehr Jngefuert" sei. K. Sinemus in seinem Werke über Breisig[1]), auf welches ich besonders verweise, sagt über unsere Elsabeth bei Besprechung dieser Angelegenheit:

„Die neugewählte Äbtissin Elisabeth (muß natürlich heißen Elsabeth), geborene Gräfin von Manderscheid und Blankenheim, scheint es aber nicht für ratsam gehalten zu haben, in die kirch- lichen Verhältnisse von Breisig mit Gewalt einzugreifen. Auch ist es nicht unwahrscheinlich, daß diese Äbtissin deshalb gegen die Evangelischen in Breisig einzuschreiten unterlassen hat, weil sie damals im Herzen bereits selbst evangelisch war."

Aus dem vorliegenden Akten-Material ist dies allerdings nicht in vollem Umfange zu entnehmen, obgleich die Wahrscheinlichkeit für eine solche Auffassung spricht.

Erwähnenswert dürfte noch sein, daß aus dem Jahre ihrer Er- wählung 1575 die erste Bergordnung im Stift Essen datiert, und zwar vom 10. April dieses Jahres.[2]) Man kann daraus schließen, daß um diese Zeit dieser für Stadt und Stift Essen später so hoch- wichtige Jndustriezweig schon damals eine Bedeutung hatte und sogar in dieser Zeit einen besonderen Aufschwung nahm.[3])

Resignation.

Schon bei ihrer Wahl im Jahre 1575 hatte Elsabeth nach Kindlinger, dem tüchtigsten und zuverlässigsten Kenner und Beurteiler der Geschichte des Stifts Essen, ihren demnächstigen freiwilligen Rücktritt aus ihrer Stellung als Fürst-Äbtissin von Essen ins Auge gefaßt. Der berühmte Historiker schreibt darüber:[4])

„Jn die Kapitulation von 1575 war eingerückt der Vorbehalt, daß, im Falle sie die Abtei über kurz oder lang müde würde und enthoben sein wollte, sie solche libere et pure einem ehrwürdigen

---

[1]) K. Sinemus, Die Reformation und Gegenreformation in der ehemaligen Herrschaft Breisig, 1883, S. 33. — Vergl. auch: Zeitschr. des Berg. Gesch.= Ver., XII., S. 121—199: Fr. Gerß, Höfe und Hofrechte des ehemaligen Stifts Essen.

[2]) Kindlinger, Ms. Tom. 104, p. 431. Abgedruckt ist dieselbe im „Glückauf", 1858, Nr. 26.

[3]) Vergl. hierüber Heft VI der Beiträge: W. Grevel, Übersicht der Geschichte des Landkreises Essen, S. 43 ff.

[4]) Kindlinger, Ms. Tom. 109, S. 1 u. 2.

Kapitel zu Essen (eine andere per ordinariam viam zu erwählende) abstehen und resignieren sollte. Endlich ward die Resignation beschlossen. Sie wollte aber die Abtei nicht so ganz leer fahren lassen, auch in Zukunft derselben halber keine Ansprach erwarten."

Der letzte Satz bezieht sich ohne Zweifel auf die Einkünfte, welche sie zu erheben hatte und auch später zum Teil reklamierte. Derselbe Gewährsmann behauptet ferner geradezu, daß sie die päpstliche Be= stätigung ihrer Wahl absichtlich deshalb in die Länge gezogen habe, weil sie schon bei der Wahl beschlossen hatte zu heiraten.[1]

Auffallend wäre dies allerdings und namentlich nicht zu vereinbaren mit dem Wortlaut dieser ihrer Kapitulation; denn wenn sie wirklich schon vorhatte zu heiraten, so wußte sie auch, daß sie den Grafen Wirich von Falkenstein, einen nicht nur evangelischen Mann, sondern einen hervorragenden Kämpfer für die protestantische Sache, heiraten würde. Wozu auch in diesem Falle noch drei Jahre warten?

Es wird wohl schwer, wenn nicht unmöglich sein, diese Wider= sprüche zu lösen und die geheimen Beweggründe klar zu legen, welche bestimmend für Elsabeth waren in dieser Zeit und bei den bestimmten Gelegenheiten.

Jedenfalls werden die höchst verworrenen und sich überstürzenden allgemeinen politischen Verhältnisse in Deutschland und namentlich hier im westlichen Teile desselben von entscheidendem Einfluß gewesen sein. Es darf auch wohl angenommen werden, daß man sich damals der Gegensätze, wie sie uns heute durchaus klar sind, überhaupt nicht so recht bewußt war und in den Kapitulationen und Versprechungen nichts anderes als bloße Formalitäten sah, deren strikte Befolgung nicht so genau zu nehmen war.

Zweifellos war aber diese Resignation von langer Hand vor= bereitet; dies bekunden nicht nur die Vorbehalte in der Wahlkapitulation, sondern auch die Abmachungen mit dem Kapitel, welche dem offiziellen Schritte unmittelbar vorhergingen. Hiernach vereinbarte Äbtissin Elsabeth, nachdem sie am 16. April 1578 dem Kapitel förmlich die Anzeige gemacht hatte, daß sie gewillt sei, ihre Würde niederzulegen, daß

a. „Die Kapitular=Gräfinnen mit gutem Vorbedenken und gehabtem zeitigen Rath Kapitulariter und einträchtig ihre Hochw. und L. Administration und was darunter begriffen, Nichts davon ausbescheiden, ganz und geheil ratificirt, vor genehm ange=

---

[1] Kinblinger, Ms. Tom. 109, a. a. O.

nommen haben und annehmen itzo und künftiglich, unangesehen dieselbe von der Päpstlichen Heiligkeit nit bestätiget noch confirmirt gewesen;

b. daß die künftige Äbtissin ihr behülflich sein sollte zu allen rück=stehenden Pächten, Gefällen 2c., und daß sie bei dem, was sie auf=gehoben hätte, ruhig verbleiben möge, besonders auch zu den ver=fallenen primarias preces[1]) zu Stoppenberg und Rellinghausen."

Dies alles hat insbesondere Elisabeth, geborene Gräfin zu Sayn, Äbtissin zu Notteln und präbendiert zu Essen, ratifiziert, doch nur auf den Fall, wenn sie zur Äbtissin von Essen würde erwählt werden.[2]) Es geschah dieses am 19. April 1578. Damals waren im Stift Essen 4 Stiftsdamen außer der Äbtissin:

Elisabeth, Gräfin zu Manderscheid und Blankenheim, Pröbstin,
Magdalena, Gräfin zu Manderscheid und Blankenheim, Fräulein zu Gerolstein, Dechantin,
Elisabeth, Gräfin zu Sayn, Küstersche,
Anna von Dhaun, Gräfin zu Falkenstein, Canonissa,
„als itziger Zeit das ganze gräfliche Kapittel des Kayserl. freiweltlichen Stifts Essen".

Auch bezüglich der Wahl ihrer Nachfolgerin müssen schon lange vor ihrem Rücktritt Verhandlungen gepflogen sein und zwar anscheinend ohne Zuziehung des gesammten Kapitels, denn es wird geradezu gesagt, daß Elisabeth, Gräfin zu Sayn sich vorher der Zustimmung des päpstlichen Stuhles zu Rom versichert habe. Dieserhalb entstanden große Irrungen mit dem Kapitel, welches darin eine Be=einträchtigung seines Wahlrechtes erblickte. Man einigte sich aber schließlich und bekanntlich wurde Elisabeth von Sayn thatsächlich gewählt.[3])

Die Resignation erfolgte am 14. Mai 1578 und zwar unter Beistand der Clevischen Räte und des mehrerwähnten älteren Bruders Elsabethas, des Grafen Hermann von Manderscheid und Blankenheim.[4])

---

[1]) Siehe Seite 16, Anm. 4.
[2]) Kindlinger, Ms. Tom. 109, p. 1 u. 2.
[3]) Kindlinger, Ms. Tom. 109, S. 3.
[4]) Kindlinger, Ms. Tom. 109, p. 1 u. 2. — Vergl. auch die Beschwerde des Grafen Wirich an den Erzbischof Gebhard von Köln vom 5. Okt. 1579 (Anl. Nr. 20).

Elſabeth
als Gräfin zu Dhaun und Falkenſtein, Frau zum Oberſtein und Broich.

.... „et nupsit Wirico Comiti de Falkenstein Domini in Broich" ſagt kurz der Geſchichtsſchreiber Bucelinus in ſeinem großen Werke [1]), und damit ſind die Akten über dieſe intereſſante Fürſt-Abtiſſin geſchloſſen, ſie iſt einfach abgethan und verſchollen.

Und doch können wir uns damit nicht begnügen. Denn nicht nur ihre Perſönlichkeit ſelbſt und die ihres ſpäteren Gemahls, ſondern auch die Beziehungen, die ſie fortdauernd zum Stift Eſſen unterhielt, verdienen, wie ſchon oben angedeutet, unſere ganze Aufmerkſamkeit und vollſte Beachtung; auch ſind die Ereigniſſe, die ſich in der benachbarten Herrſchaft Broich und in der Falkenſtein'ſchen Familie in dem letzten Viertel des 16. Jahrhunderts und ſpäter abſpielten, von ſolcher Bedeutung für die Lokalgeſchichte, daß ſie wohl mehr Würdigung verdient hätten, als ihnen bisher zu teil geworden.

Thatſache iſt alſo, daß Fürſt-Abtiſſin Elſabeth bald nach ihrer Amtsniederlegung, jedenfalls aber noch in demſelben Jahre 1578, den Grafen Wirich von Dhaun-Falkenſtein, Herrn zum Oberſtein und Broich, wohnhaft im Schloß Broich bei Mülheim a. d. Ruhr, heiratete.

Mit Sicherheit iſt der Tag der Hochzeit nicht feſtzuſtellen, man muß aber annehmen, daß dieſelbe Ende November oder Anfang Dezember des genannten Jahres ſtattgefunden hat und zwar in beſonders feierlicher Weiſe, da zu derſelben auch entferntere Verwandte geladen waren. Es geht dies aus einem Schreiben hervor, welches Graf Johann von Dhaun-Falkenſtein unterm 25. November 1578 von Schloß Falkenſtein [2]) an Rüdiger von der Horſt, Churf. Cöln. Marſchall, richtet, in welchem er dieſen bittet, ihn und ſeine Gemahlin, weil ſie beide wegen „Leibsſchwachheit und Blödigkeit" die weite Reiſe zur „Ehebereedung auch hochzeitlichem Tage" ihres Vetters Wirich von Dhaun-Falkenſtein Herrn zu Broich nicht unternehmen könnten, dort zu vertreten und zu entſchuldigen.[3]) Aus dieſem bemerkenswerten Schriftſtück erſehen wir, daß der Hochzeitstag zuerſt auf den 17. November angeſetzt geweſen war, und daß der Sohn Johanns, Graf Sebaſtian, namens ſeiner

---

[1]) Germania topo-chrono-stemmato-graphica, 1652—1672. Tom. II, S. 147.

[2]) in der bayeriſchen Oberpfalz, mit gleichnamigem Marktflecken; es wurde 1641 von den Schweden verbrannt.

[3]) Anlage Nr. 18.

Eltern der Feier hatte beiwohnen sollen; nun war sie aufgeschoben und zwar wie hiernach scheint, nicht auf lange Zeit, so daß die Verbindung spätestens Anfangs Dezember stattgefunden haben muß.

Sowohl aus diesem Briefe als auch aus einer ganzen Reihe von ähnlichen Familien=Schriftstücken, welche im Königlichen Staatsarchive zu Düsseldorf[1]) aufbewahrt werden, ersieht man, daß äußerst herzliche und verwandtschaftliche Beziehungen zwischen den beiderseitigen Familien= gliedern bestanden und gepflegt wurden, ebenso daß die Ehe des Grafen Wirich und unserer Elsbeth eine sehr glückliche gewesen sein muß.

Die Heirat war offenbar längst vorbereitet. Schon im Sommer 1578 hatten Verhandlungen stattgefunden zwischen Wirich einer= und Johann von Manderscheid und Blankenheim, Bischof zu Straßburg, sowie Hermann von Manderscheid und Blankenheim, beide Brüder Elsabeths, anderseits, und zwar im Juli und August. Bischof Johann schreibt unterm 6. August[2]), daß Wirich seinen ältern Bruder Hermann am 10. Juli in Blankenheim besucht habe, und er hofft von ferneren Zusammenkünften einen günstigen Verlauf und Abschluß der Verhand= lungen. Es ist in diesen Briefen zwar nicht direkt von dem Heirats= projekt die Rede, aber zweifellos, daß dieses der Hauptgegenstand der Verhandlungen bildete, ebenso daß der katholische Bischof, der Wirich seinen „lieben Vetter" nennt, mit diesem Projekt nicht nur einverstanden war, sondern dasselbe begünstigte. Auch die Korrespondenzen der späteren Jahre liefern den Beweis, daß das Verhältnis Wirichs zur Familie seiner Gattin, speziell zu seinen Schwägern und Schwägerinnen, ein sehr herzliches war; er wird sogar mit einer besonderen Achtung und Auszeichnung behandelt.

Die Beziehungen zum Stift Essen waren durch die Vermählung Elsbeths keineswegs abgebrochen; abgesehen davon, daß ihre Schwestern Elisabeth und Margareta, sowie eine Base Wirichs, Fräulein Anna Gräfin zu Falkenstein, dort noch Mitglieder des Gräflichen Kapitels waren, nahm sie auch ihre dortigen geschäftlichen und finanziellen Interessen noch fortdauernd energisch wahr. So beauftragte sie im Februar 1579 ihren früheren Rentmeister Arnt Dieckmann, eine aus dem Jahre 1577 noch rückständige ihr zukommende Pacht von 16 Malter Weizen von Jörgen Schulte zu Geking zu erheben: „gerichtlich oder

---

1) unter der Bezeichnung „Manderscheidtsche Korrespondenz".
2) Staatsarchiv Düsseldorf. Übrigens wird dieser Johann v. M. und Bl. von anderer Seite als ein entschiedener Katholik bezeichnet. Vergl.: J. Jansen, Geschichte des deutschen Volkes seit dem Ausgang des Mittelalters, V. S. 106.

außerhalb Gerichts zu fordern und inzunemen". Später quittiert sie über den Empfang und nennt sich in diesen Schriftstücken einfach wie früher: „Wir Elsabeth geborene Gräfin zu Manderscheid und Blankenheim."[1])

Die Nachfolgerin Elsabeths in der Fürst = Äbtissinnen = Würde zu Essen, Elisabeth von Sayn, scheint nämlich schon bald nach Antritt ihrer Regierung eine unfreundliche ja feindselige Haltung gegenüber der ersteren und deren Regierungshandlungen eingenommen zu haben,[2]) wie uns eine Beschwerdeschrift zeigt, welche unterm 5. Oktober 1579 Graf Wirich an den Erzbischof Gebhardt von Köln richtet.[3]) Es wird darin bestätigt, daß durch einhelligen Beschluß des Kapitels bei dem freiwillig erfolgten „Abstand" Elsabeths deren Administration des Stifts, welches sie „mit allem treuen Fleiß dermaßen verwaltet, daß sich ihre Successoren darub mit Fuegen nit beclagen können", feierlichst sanktioniert worden war. Trotzdem will die jetzige Äbtissin speziell eine Verpachtung des Hofs Godesberg[4]), welche durch Elsabeth auf mehrere Jahre geschehen war, nicht anerkennen, und es ist zu besorgen, daß „wolgedachte Abbiße gegen andere meins lieben Gemahls gepflogene Handlung und Administration gleiche Einträge suchen und fürnemen mögte, wie allbereit in mehr fällen beschehen". Der Erzbischof wird gebeten, auch als Landesherr von Godesberg, zu gunsten Elsabeths resp. des Pächters einzuschreiten.

Wirich nennt Elsabetha „meine freuntliche liebe Gemahlin geborne von Manderscheidt und Blankenheim Gräfin zu Falkenstein, Frau zum Oberstein und Broich". Ihrer Ehe entsprossen 4 Kinder, und zwar 2 Söhne, Johann Adolf und Wirich, und zwei Töchter, Margareta und Walburg Anna. Zuerst wurde die Tochter Margareta am 22. Dezember 1579 geboren; sie war aber kränklich und starb am 28. Dezember 1611 im Kloster Marienthal.[5]) Von allgemeinerem Interesse sind die bei ihrer Leichen = prozession aufgeschriebenen Personalia[6]), welche manche Familienverhält = nisse berühren.

---

[1]) Anlage Nr. 19.
[2]) Entgegen den Abmachungen bei ihrer Wahl.
[3]) Anlage Nr. 20.
[4]) Der Hof Godesberg und die Weingärten der Äbtissin waren dem Stift Essen von König Karl geschenkt. S. Lacomblet, I. 97. — Dr. Gerß in der Zeitschr. des Berg. Gesch.=Ver., XII. S. 162.
[5]) Es wird dies dasselbe Kloster Marienthal sein, welches die Spanier (vergl. S. 87) 1598 geplündert hatten. Es lag hiernach am Niederrhein.
[6]) Anlage Nr. 26.

Als dann im Jahre 1582 Elsabeth ihren Gemahl mit einem Sohne beschenkte, erhielt sie von ihrer Schwester Elisabeth aus Essen ein Gratulationsschreiben unterm 15. Juni, dessen Wortlaut das gute Verhältnis zwischen den Schwestern so recht bestätigt. [1]) Sie spricht den Wunsch aus, „das junge erzilte Herrgen" möge zu Gottes Ehren, seiner eigenen Seligkeit und seiner Mutter zum freudenreichen Trost erwachsen und wohl gedeihen.

Dieses intime schwesterliche Verhältnis wurde natürlich begünstigt und befestigt durch die geringe Entfernung zwischen Broich und Essen; man ersieht aber aus allem, daß die Heirat Elsabethas an sich so wenig als die mit einem Protestanten die geringsten Störungen in den Familien-Beziehungen verursacht hatte. Denn dieselbe Herzlichkeit finden wir in den Briefen der genannten Elisabeth an ihren Schwager Wirich, [2]) ebenso in denen der übrigen Schwäger und Schwägerinnen an diesen; so namentlich führte der älteste hier schon vielfach genannte Hermann von Manderscheid und Blankenheim einen ausgebreiteten Briefwechsel mit Wirich, ebenso finden sich Schreiben von Johann, Fürstbischof von Straßburg. Besonders Margareta, Äbtissin von Elten und Vreden, wandte sich in ihren Nöten während der spanischen Einfälle häufig und dringend an ihren Schwager, so 1582, als sowohl Wirich als auch Bischof Johann von Straßburg darauf drangen, sie solle von Elten fortgehen und ihre Würde als Äbtissin niederlegen. Daß Margareta auch persönlich in dieser Zeit in Broich war, erhellt aus einem Schreiben der Fräulein Anna von Falkenstein, Scholastersche und Küstersche zu Essen, einer Cousine Wirichs. [3]) Dieser Brief, durch welchen sie die Broicher mit ihrem Besuch, Äbtissin Margareta von Elten, nach Essen einladet, ist nicht nur durch seine Herzlichkeit, sondern auch durch den Humor bemerkenswert, mit dem sie beteuert, ihre Base solle in Essen nicht mehr Späne[4]) zu essen bekommen, „sondern brey und was ir wol schmeckt".

Unterm 6. September 1589 bittet Graf Hermann seinen Schwager, ihm rotes türkisches Papier zu besorgen und in einer Nachschrift,

---

[1]) Anlage Nr. 21.

[2]) Als Beispiel möge Anlage Nr. 22 dienen. Elisabeth wurde bekanntlich 1588 Äbtissin von Essen und starb als solche 1598.

[3]) Anlage Nr. 23. Margareta (1572—1603) hatte als Äbtissin von Elten einen schweren Stand. Zu ihrer Zeit (1585), während des holländischen Religions- krieges, wurde das ganze Stift verbrannt und geplündert. — Vergl. A. Fahne, Das fürstliche Stift Elten, S. 37—39.

[4]) Vielleicht Stockfisch?

bei dem Transport von 2 Stück Kanonen, die er vom Niederrhein über Köln nach Blankenheim bringen lassen wollte, behülflich zu sein.

Auch mit den benachbarten abligen Familien stand Broich auf gutem Fuße; man besuchte sich häufig und tauschte allerlei Artigkeiten aus. So schreibt z. B. Wirich aus Broich am 13. Februar 1579[1]) an seinen Gutsnachbar auf Haus Hugenpoth:

.... „Dem zufolgh gedaner Verheisungh übersendt Ich euch einen guden Jungen Hundt neben einem anderen so etwas älter und seint beide sowol auf Graben wildt[2]) alß Hasen guidt wie Ihr hernegst Im Jagen befinden werdet. Euch sonst nachbarliche wilfarige Freuntschaft zu erzeigen habt Jr mir geneigt und gutwillig und thue Euch hirmit In schutz des Herrn neben Eure geliebte Hausfrau empfeln," u. s. w.

Aus diesem so glücklichen Familienleben wurde nun Gräfin Elsbeth schon sehr früh herausgerissen; sie starb den 3. September 1586,[3]) nachdem sie, wie gesagt, ihrem Gemahl 4 Kinder, 2 Söhne und 2 Töchter, geboren. So traurig dieser Verlust für den Gatten und für die zurückgelassenen unmündigen Kinder auch war, so muß man sich doch freuen, daß sie nicht miterlebte die schweren Schicksalsschläge, von denen zunächst ihr Gemahl und später ihr Sohn und ihr ganzes Geschlecht betroffen wurden.

Wirich VI.,
Graf zu Dhaun und Falkenstein, Herr zu Broich und Oberstein, Gemahl Elsabeths.

Wenn auch Graf Wirich uns hier in erster Linie interessiert als Gemahl Elsabeths, so verdient er auch weitere Beachtung für die niederrheinische Geschichte des 16. Jahrhunderts, in welche er selbst vielfach mit kräftiger und nicht ungeschickter Hand direkt oder indirekt mit eingriff. Er spielte thatsächlich hier eine hervorragende Rolle.

Ursprünglich, wie schon der Name besagt, einem in der Eifel ansässigen Grafengeschlechte entstammend, hatte schon der Großvater, Wirich V., diesen Zweig nach dem Niederrhein verpflanzt, indem er durch seine Heirat mit Irmgard, Gräfin zu Sayn, Geborne zu LimburgBroich, im Jahre 1505 die Herrschaft Broich an das Geschlecht

---

[1]) Kgl. Staatsarchiv Düsseldorf.
[2]) Unter „Graben-Wild" werden wohl Füchse, Dachse u. dgl. zu verstehen sein.
[3]) Anlage Nr. 26.

der von Dhaun-Falkenstein gebracht hatte.¹) Der Vater unseres Wirich,
Graf Philipp, früher Geistlicher, verließ den geistlichen Stand und
heiratete 1552 Caspara von Holtei, wodurch die vorehelich geborenen
Kinder Wirich und Margareta nachträglich legitimiert wurden. Ersterer,
um 1548 geboren, folgte seinem Vater zwischen 1555 bis 1557 in
der Herrschaft Broich. Er war, wie schon oben erwähnt, evangelisch
und dem reformierten Bekenntnis zugethan, und nahm als Vertreter
desselben während der niederländisch-spanischen Kämpfe und während
des Truchsessischen Krieges eine hervorragende Stellung ein; er wird
sogar als das Haupt und die Stütze der Evangelischen im Bergischen
bezeichnet.²) Nach erlangter Volljährigkeit wurde er durch Herzog
Wilhelm III. unterm 24. August 1568 mit dem Schlosse und der
Herrlichkeit Broich belehnt, wo er sich dann meist aufhielt; auch
verkehrte er damals häufig in Düsseldorf sowie in Hardenberg bei
Neviges, dem Wohnsitze seines Schwagers Wilhelm von Bernsau.³)

Wie wir wissen, hatte sich Wirich 1578 mit der Gräfin Elsabeth
von Manderscheid und Blankenheim vermählt. Nach dem 1586 erfolgten
Tode derselben blieb er 10 Jahre lang Witwer, und erst im Jahre
1596 heiratete er zum zweiten Male, und zwar die Gräfin Margaretha
von Manderscheid-Gerolstein, Tochter des Grafen Hans Gerhard
von Manderscheid und Blankenheim und Gerolstein, Herrn zu Bettingen
und Dhaun. Letzterer nennt Wirich am 9. März 1596 seinen „zukünftigen Sohn und Tochtermann"⁴). Unterm 16. April desselben
Jahres schreibt Graf Hans Gerhard an seinen „Schwiegersohn", daß
der oft erwähnte Graf Hermann von Manderscheid und Blankenheim,
Schwager Wirichs, sich erboten habe „Ew. L. freundtliche liebe Gemahlin" nach Hause zu begleiten. Vorher hatte auch vielfacher brieflicher Verkehr zwischen den verwandten Familien stattgefunden.⁵)

Ein wie sorgsamer Hausvater Wirich auch war, ersieht man aus
einem Schreiben, welches er unterm 13. Juni 1592 an seinen Schwager
Grafen Eberhard von Manderscheid und Blankenheim richtet. Es

¹) Vergl. Allgemeine deutsche Biographie, Bd. V, S. 113.
²) Ebendaselbst. Siehe auch L. Bender, (Geschichte der Herrschaft Hardenberg
(1879), S. 47 ff., ebenso K. Krafft, die Stiftung d. Berg. Prov.-Synode am
21. Juli 1589, S. 47 u. 53.
³) Herr zu Hardenberg. Derselbe war mit Magdalena, der Schwester Wirichs,
vermählt (K. Krafft, a. a. O., S. 46).
⁴) Manderscheidtsche Korrespondenz im Kgl. Staatsarchiv zu Düsseldorf.
⁵) Schon 1594 den 5. März schreibt Wirich: „Dem Wolgeboren Herrn Hans
Gerhardten Greven zu M. und Bl. und Gerolstein, Herrn zu Bettingen, meinem
freundtlichem lieben Herrn Vettern und Herrn Vattern".

handelt sich um den „wegen meiner Gemahlin wollseelig mir
gebührenden Brautschatz und Kindtgetheils", wegen dessen
Ausfolgung Verhandlungen mit den Schwägern Johann, Bischof zu
Straßburg, und Hermann schon stattgefunden hatten. Er verlangt end-
lichen Abschluß der Verhandlungen „umb lebens und sterbens willen,
damit Ich und meine Kinder desselbigen, was uns zukombt, sowohl an
Hauptsumme als Pension nit entfremdet werden".

Und er hatte wohl Recht, seine Angelegenheiten in Ordnung zu
bringen. Als Hauptstütze der reformierten Niederländer hatte er sich
besonders bei den Spaniern, welche damals die niederrheinischen
Gegenden feindlich überfluteten, verhaßt gemacht, und er wurde, nachdem sie einige Tage vorher sein Schloß Broich erstürmt und eingenommen, am 11. Oktober 1598 auf eine unerhört treulose und
grausame Weise durch die spanischen Horden ermordet und verbrannt.
Am anschaulichsten ist die Darstellung des Vorganges wiedergegeben in
einem in Form einer Zeitung im Januar des Jahres 1599 gedruckten,
jetzt sehr selten gewordenen Flugblatt, aus welchem ich das Wesent-
liche in den Anlagen wörtlich mitzuteilen mir nicht versagen kann.[1]

Diese grausame Mordthat erregte das Mitgefühl von ganz Deutschland
und gab zu vielen diplomatischen Weiterungen Anlaß, deren Verfolg
uns hier zu weit führen würde.[2]

Aus seiner Regierungszeit ist zu bemerken, daß Wirich einen langen
Streit mit dem Kloster Hamborn hatte, und zwar wegen der Speldorfer
Mark, deren Markenherr er war. Nachdem Wirich am 29. Sept. 1567

---

[1] Anlage Nr. 25.

[2] Vergl. darüber: van Meteren, Beschr. b. Niederl. Kriegs, S. 862—869. —
v. Kamp, Das Schloß und die Herrschaft Broich, Mülheim a. d. Ruhr, 1851.
S. 82—91. — Knapp, Regenten- und Volksgeschichte der Länder Cleve-Mark,
III, S. 182. — Stangefoll, Chronol. et Histor. circul. Westphalici, IV. S. 59.
Dieser streng katholische Historiker schreibt: „contra datam fidem per summam
scelus". — J. D. von Steinen, Westfälische Geschichte, I. S. 533--540. —
Zeitschr. b. Berg. Gesch.-Ver., II. S. 94: Historische Gedichte vom Niederrhein.
Die spanischen Gräuelthaten werden hier poetisch erzählt; über diese Affaire heißt es:
  „Von bar (d. h. von Walsum) zugen sie nach Bröck (Broich)
   Dat hebben sei eingenahmen.
   Sie hebben vergoßen das fromme bluet,
   klein gluck darumb bekommen."
Auch die Stadt Essen wurde bald darauf heimgesucht, wie Eberhard Wittgen
in seiner Stadtchronik erzählt: „Anno 1598, des 20. Decemb. ist die Stadt
Eßend mit hispanischem Kriegsvolk beschwert, hat darinnen gelegen biß Anno 1599
b. 13. Aprilis; da sie außgezogen, haben die Bürger jedem Soldaten für 13 Tage
Servisgelbt mitgeben müssen." (Zeitschr. b. Berg. Gesch.-Ver., XI. S. 143.)

aus dem zur Abtei Hamborn gehörigen Hof „zum Kolk" 12 Schweine
fortgenommen, fällt im Oktober 1568 der Abt von Hamborn „mit
gewaffneter Hand, wolgerüsten Pferden, Dienern, gespannten Bürzen,
Faustkolben und Wehren" in die Herrschaft Broich, plündert und miß=
handelt die Unterthanen. Der beim Reichskammergericht gerichtlich
anhängig gemachte Prozeß zieht sich bis 1591 hin. [1])

Von besonderem Interesse und bezeichnend für seine Gesinnung und
Denkungsart ist das Testament Wirichs, welches im Düsseldorfer
Staatsarchiv aufbewahrt wird. [2]) Er setzte dasselbe auf am 21. Februar
1587, also bald nach dem Tode Elsabeths, und wir ersehen daraus, daß
von seinen 4 Kindern Hans Adolf der ältere und Wirich der jüngere
Sohn waren, und von den beiden Töchtern Margareta und Walpurg=
Anna erstere die zuerstgeborne ist. Als Vormnud derselben im Fall
seines Ablebens bezeichnet er seinen Schwager Grafen Hermann von
Manderscheid und Blankenheim.

Die Nachkommen Wirichs und Elsabethas.

Das schreckliche Ende des Grafen Wirich war der Anfang einer
Reihe von Unglücksfällen und grausamer Schicksalsschläge, wie sie in
solcher Härte und in solchem Umfange wohl selten eine einzelne Familie
heimsuchen. Es ist geradezu erschütternd zu sehen, wie ein Schlag nach
dem andern die Besitzer des Schlosses Broich trifft, bis noch nicht ein
Jahrhundert nach der ersten Katastrophe der Letzte dieses edlen und
einst so mächtigen Geschlechts dahinsinkt. Eine kurze Andeutung der
Hauptbegebenheiten, welche in der That verdienten, ausführlich be=
handelt zu werden und gewiß auch vorzüglichen Stoff zu einem Roman
oder zu einem Drama böten, mag für die vorliegende Arbeit genügen.

Die Spanier, nicht zufrieden mit dem Blute Wirichs, verfolgten
die gräfliche Familie weiter auf das unbarmherzigste; als der jüngere
Sohn Wirich im Februar 1607 mit einigen Reitern zu seinem Bruder
von Essen nach Dortmund reiten wollte, wurde er von spanischen
Söldnern am 4. dieses Monats überfallen und erschossen. [3])

---

[1]) Kgl. Staatsarchiv in Wetzlar.
[2]) Anlage Nr. 24.
[3]) Siehe die ergreifende Schilderung in der Anlage Nr. 26. — Vergl. auch:
v. Kamp, Herrschaft Broich, S. 105. — Schon im Jahre 1591 war ein Vetter
Wirichs, Graf Johann Philipp v. Oberstein, ebenfalls auf spanische Anstiftung,
bei Utrecht meuchelmörderisch getötet worden.

Eberhard Wittgen, lutherischer Pfarrer an der St. Gertrudis-
kirche zu Essen, erzählt den Vorfall in seiner schon erwähnten Essener
Stadt=Chronik[1]) von 1593—1622 also:

„Anno 1607 den 6. Februar hat Burgermeister Henr.
Stecke die grafen von Broick des nachts auß der Vehöfer pforten
gelassen, bei Starkrode ist graf Wyrich von hispanischem Kriegs=
volk erschossen und umbs Leben kommen, hernacher zu Mulhem
des 6. Martii ist der leichnam in die kirchen begraben; da hat
Ewert Kochs auch ein Auge verloren."

Die älteste Tochter, Fräulein Margaretha von Falkenstein,
scheint von vorneherein kränklich gewesen zu sein, sie starb, wie schon
bemerkt, nach längerem Siechtum in Marienthal den 28. Dezember 1611,
32 Jahre alt und unverheiratet.

Wirichs VI. und Elsabeths ältester Sohn Johann Adolf, Herr
zu Broich, erreichte auch kein hohes Alter, er starb, nachdem seine Gattin,
Anna Maria Gräfin zu Nassau und Katzenellenbogen, ihm
1620 vorangegangen, im Mai 1623. Seine feierliche Leichen=Prozession
fand mit großem Gepränge statt am 13. Mai.[2])

Eine glücklichere Zeit schien mit dem Sohne und Nachfolger Johann
Adolfs, Wilhelm Wirich, anbrechen zu wollen, welcher 59 Jahre
das Ländchen regierte, und dem man eine edle Gesinnung und segens=
reiche Wirksamkeit nachrühmt.[3]) Er baute auch das Schloß Broich
wieder auf und suchte überhaupt auf alle Weise die Spuren der läng=
jährigen Kriege und vielfachen Verwüstungen zu verwischen. Leider
verlor er zunächst früh seine Gemahlin Elisabeth, geborne Gräfin
zu Waldeck=Pyrmont[4]); sie starb im Mai 1647, nachdem sie ihm
11 Kinder geboren hatte, 4 Söhne und 7 Töchter, von denen aber
damals nur noch 2 Söhne und 4 Töchter lebten. Auf ihr Absterben
verfaßte Henricus Kaufmann aus Essen ein umfangreiches Trauer=
gedicht in lateinischer und deutscher Sprache, welches in Dortmund bei
Anthonius Rühl 1647 gedruckt wurde.[5])

---

[1]) Mitgeteilt von W. Harleß im XI. Bande der Zeitschr. d. Berg. Gesch.=
Ver., S. 145.

[2]) Anlage Nr. 27.

[3]) v. Kamp, a. a. O., S. 139.

[4]) Sie war geboren 1611 und heiratete Wilhelm Wirich, Grafen v. Falkenstein=
Broich, 1634.

[5]) Im Kgl. Staatsarchiv zu Düsseldorf vorhanden.

Von den beiden Söhnen muß einer auch bald gestorben sein, denn vom Jahre 1659 heißt es, daß der einzige noch überlebende Sohn Wilhelm Wirichs, Karl Alexander, am 8. Oktober nach einer Jagd= partie auf der Lipperheide von dem Grafen Moritz von Limburg=Stirum durch einen Pistolenschuß meuchlings getötet sei. Über die Einzelheiten dieses höchst traurigen Ereignisses berichtet ein im Königlichen Staats= archiv zu Düsseldorf befindliches Dokument. [1]

Ergreifend ist der Ausdruck des Schmerzes in der Klageschrift, welche Wilhelm Wirich am 12. Oktober 1659 an den Kaiser richtete:

„Welcher gestalt mein einziger und vielgeliebter Sohn Carl Alexander Graf zu Falkenstein Sehl. von Mauritz Grafen von Styrumb fürsetzlicher freventlicher und also mörderlicher weise erschossen und entleibet worden sei, das ist Gott und Menschen bekant, weil sein junges unschuldiges und rauchendes Blut von der Erden zu Gott geschrieen, und alle ungepassionirte Menschen zum Mitleiden, Fürsten aber und Landes=Richter dabei ihres hohen Amtes Gerechtigkeit zu handthaben und solche Mordthat zu strafen erinnert hat.

Wie schmerzlich aber und tieff mir diese unheilbare Wunde in mein Hertze gedrungen, das werden am meisten Die bedenken, die ein Vatterhertze kennen, welches solcher Liebe und Empfindlichkeit ist unterworfen, daß der hohiste Gott, wenn er seine unaussprechliche Barmherzigkeit will ausdrücken, des Vatters Namen gebrauchet. Doch weil dieser jämmerliche Mord, nicht als andere natürliche Todesfälle mit Seufzen kann beklaget werden, also bin ich auch natürlicher und vätterlicher Pflicht angestrenget, meines vielgeliebten Sohnes Selg. Todt zu rächen und durch ordentliche Mittel deß Rechtens deß Thäters Blut für des Erschlagenen Blut zu fordern." [2] . . . . . .

So erlosch mit dem Tode Wilhelm Wirichs 1682 der Mannesstamm des Geschlechts Dhaun=Falkenstein zu Broich und damit auch die Nach= kommenschaft der Gräfin Elsabetha. —

Eine freundlichere Erinnerung knüpft sich an das Schloß Broich für unsere heutige Generation. Hier und in der lieblichen Umgebung des Ruhrthals verlebte die Urgroßmutter unseres Kaisers Wilhelm II.,

---

[1] Seinem wesentlichen Inhalte nach in der Anlage Nr. 33.

[2] Folgen die Klage=Artikel. Es wird eine Kaiserl. Kommission mit der Unter= suchung betraut. (Kgl. Staatsarchiv zu Düsseldorf.)

die unvergeßliche Königin Luise von Preußen, unter der Obhut ihrer Großmutter Maria Luise Albertine Landgräfin von Hessen und Besitzerin von Broich, und in Gesellschaft ihrer Schwester, Prinzessin Friederike, als 13—15 jähriges Mädchen einige Sommer, und es sind grade 100 Jahre verflossen, seit sie zum letzten Male dort einzog. [1]) Sie soll später oft es ausgesprochen haben, daß sie den Aufenthalt auf Schloß Broich zu ihren schönsten Jugend-Erinnerungen zähle.

---

[1]) v. Kamp, a. a. O., setzt zwar (S. 242) den ersten Besuch der Landgräfin mit ihren beiden Enkelinnen in das Jahr 1789, indem er später anführt, daß der zweite und letzte Aufenthalt zwei Jahre später erfolgt sei. Das wider= spricht aber direkt einer in der „Essend. Zeitung" (Nr. 48 u. 50) von 1787 enthaltenen Korrespondenz, wonach die Fürstin Maria Luise Albertina in Be= gleitung ihrer Enkelinnen am 15. Juni dieses Jahres in Broich angekommen und feierlich empfangen worden sei. — Die Landgräfin ließ auch das Schloß erneuern und verschönern und verwandte dazu 16 000 Thaler. (v. Kamp.)

Anlage Nr. 1.

Copia Capitulationis de dato 1561.

Königl. Staatsarchiv zu Wetzlar.[1]

Nachdem Weilandt die hochwurdig Furstin vnd Fraw, Fraw Maria geborne Grauin zu Spiegelberg, Abbatißa des Kayf. freiweltlichen Stiffts Eßen hochloblicher gedechtnuß, ehe vnd zuuor Jhr Furstl. G. zu einer Abtißin erwehlt, auß sonderlicher befurderoeg vnd guttem vertrawen von den Ehr= wurdigen Würdigen vnd tuegentreichen Decanißen vnd samptlichen Capitular= junfferen deß freiweltlichen Stiffts Rellinghaußen, auß freier Chur vnd Wahl, zu Jhrer Probstinnen gekohren vnd erwehlet vnd angekhoren, Auch Jhre Furstl. G. wie Sie folgents zu dem Ampt einer Abbatißin getretten, darahn noch drei Jahr auß gunsten vnd vnuerzweifflich[2]) bewilligt worden, vnd nhun durch erledigung gemelter Probstey, die Ehrwurdige vnd wolgeporne Herrn, Herrn Frederich, Graff zu Wied vnd Thumbdechant des hohen Thumbstiffts Collen rc. vnd Herr Herman Graff zu Manderschiedt rc. Jhrer Baßen vnd Schwester, eine geborne Grauin zu Manderschiedt, Capitular ermeltes Stiffts zu Eßen zu beruerter Probsteie zu erwöhlen vnd anzunhemen bei gedachter Decanißen vnd Capitular Junffern des Stiffts Rellinghaußen angesucht haben; vnd dan ehgemelte Decanißa vnd Capitular Junffern des Stiffts Relling= haußen, vff solche furbitt vnd auff daß sonderlich vertrawen vnd zuneigung, so Sie zu der Ehr wurdig vnd Wohlgeporner Frewlein Elsabethen, Geporner Grauinnen zu Manderscheidt, Capitular Junffern des Stiffts Eßen, tragen, haben Decanißa vnd Capitular Junffern, Wolgedacht Frewlein Elsabethen, durch eine freie walh, die Sie Jederzeit gehabt haben, vnd noch zu Jhrer Probstin erkhoren vnd angenhomen, vff maß vnd furwarten Wie folgt.

Anfenglich hatt wolgemelt Frewlein Elisabetha,[3]) gelobet vnd versprochen, daß Stifft Rellinghaußen, bei seiner hochheit vnd Gerechtigkeit, vnd allen wolherprachten gebreuchen vnd herkommen, als einer Probstin gezimmet vnnd wol ansteht, zu halten vnd zu handthaben, nichts dauon verrucken noch ab= ziehen laßen, vnd was dauon verrucket vnd abgezogen wehre, wiederumb helffen ahn vnd bei zu pringen, alles nach Jhrem vermuegen sonder gefehrde vnd arglist.

Auch hatt wolg. Freulein globt vnd versprochen, sich jn geburlicher zeitt Confirmiren vnd nach altem geprauch zu Rellinghaußen einfhuren zu laßen vnd ehe nit zu einiger buerung[4]) gestattet werden soll.

---

[1]) Rellinghaussen contra Essen. [16] Spirae 31. Augti. Ao. 1621. No. 8. Ad cāam. Praetensi Mdti. Cassatorij et Inhibitorij.

[2]) Das Wort ist nicht ganz deutlich geschrieben, aber kaum anders zu lesen.

[3]) Muß natürlich heißen „Elsabetha". Dieser Schreibfehler kommt in vorliegender Urkunde zweimal vor.

[4]) Wohl vom Zeitwort bueren = boeren = heben; also börung = Hebung, Erhebung.

Gleichfals globt vnd versprochen, sich jn gepuerender zeit zu Frorzheim einfhuren zu laßen, Daselbst alle alte hoch= vnd gerechtigkeitt zu halden vnd zu handthaben, vnd zu recuperiren, nach Jhrem vermögen getreulich vnd vngefährlich.

Desgleichen alle alte gerechtigkeit zu Kirch=Hertten zu halten, zu handt= haben vnd bei zu pringen nach Jhrem vermugen. Ferner globt vnd ver= sprochen, daß wolgemelt Frewlein Kein Canonicat, ohne rath vnd mit vor= wißen der altesten vnd furnembsten Junffern vergeben noch zu permuticren bewilligen soll. Zu dem globt vnd versprochen, daß Jhr G. kein Pröuen so Jn Jrem Monath mögen fallen, vergeben sollen, dan allein den jenigen, so darzu bequem sein, Dweil hiebeuor darauß dem Capitul groß mangel erwachßen, Weniger daß wolgemelt Frewlein keine gutter der Probsteien zu Kommen ohne Rhat vnd mit wißen der ältesten vnd vornhemen Junffern außthuen noch verpfachten, sol noch wol., Auch daß der Kamp, so hiebeuor Keuerlo vndergehabt, vnd Sieben Schepel haber daruor[1]) gegeben dem Capitul hinfuero sol verpleiben.

Jt. daß Jhr Gnd. der Junffern Richter zu Rellinghaußen Jährlichs ein Engelsche Kleidung, als einem Richter gezimmet, vnd. dem Fronen, nach dem man jetzt wie von alters Kein Kogel tragt, ein gulden oueral geben soll. (Da auch ein Abbatißa zu Eßen dem Stifft Rellinghaußen vnderstunde eindracht zu thun, sollen Jhr G. helffen obkheren vnd Wenden nach Jhrem vermugen sonder einig arglist.)

Vnd dweil ein Abbatißa von alters, Den Junffern zu Rellinghaußen ist verpflicht vff halb vasten einen Salm, Welches etlich Jahr her durch versterb verplieben, Sollen Wolgemelt Frewlein mit darahn sein, solcher Salm hinfuero, so fern muglich, entrichtet werde.

Als auch die Fyschers zu Stele den Junffern ahn den Weiden pletzen fur enthalten Jahrlichs zehen goltgulden vnd die Jnwohner zu Stele, gemelten Junffern Jren Erbgrundt abgenhomen vnd Wyden darauff gepflantzt haben, sollen vnd wollen wolgltes[2]) Frewlein, mit muglichm fleiß helffen darahn sein, Die Junfferen mögen allendthalben Wiederumb restituiert werden.

Vnd Jmpfal sich vnter den Junffern vnd Canonichen Zanck vnd vnwillen begeben wurthe, sollen vnd wollen wolgemeltes Frewlein zu Rellinghaußen er= scheinen vnd solchen Vnwillen so viel möglich Jn der guitte hin vnd niderlegen.

Da sich auch zutragen wurthe, daß wolgemelt Frewlein hiernegst zu einer Abbatißin zu Eßen oder anders wo zu hoher Digniteten erwehlet, sol alsdan obglste Probsteie zur stundt den Junffern zu Rellinghaußen wiederumb erledigt vnd heimgefallen sein, ein ander probstin Jhres gefallens zu erwöhlen, dagegen Kein römische Indulten noch ettwas anders, wie daß einen nhamen haben möcht, sol gesagt noch furgewendt werden, vnd ob gleich solches furgenhomen wurthe, wie doch nicht geschehen soll, so soll es doch alles crafft vnd machtloß sein.

Alle obgemelte Puncten vnd Articuln, globen Wir Frewlein Elsabetha geborne Grauin zu Manderscheidt, bei vnsen Gräfflichen Ehren Jn macht vnsers gethanen aidts, also vnuerbruchlich zu halten vnd getreulich zu vollen=

---

[1]) Das „r" in „dauor" könnte auch als „n" gelesen werden; der Sinn bleibt indeſſen wohl derſelbe.

[2]) „wolgltes" = gemeltes.

ziehen, nach Vnſerem Vermugen ſonder ainige gefehrde vnd argliſt. Diß zu befeſtigung haben Wir vnſern Siegel hierahn gehangen vnd dieß mit vnſerer aigen handt vnderſchrieben, vnd haben darneben erbetten vnſern lieben hern Vetter vnd Bruder, ob= vnd wolgemelten Herrn Frederichen Grauen zu Wied vnd Thumbdechan ꝛc. Vnd Herman Grauen zu Manderſchiebt zu mehrer beueſtigung Jhre Jnſiegel hierahn zu hangen, Welches Wir ꝛc. alſo bekennen vnd vmb bitt willen vnſerer Baſen vnd Schweſter gern gethan haben. Geben Jm Jahr nach Chriſti gebuehrt, Thauſendt funffhundert Sechszig vnd Ein, ahm neun vnd zwantzigſten tag des Monatz Octobris.

Anno 1561 ahm 29 Octobris.

(L. s.) (L. s.) (L. s.)

> Elſabeth geborner Grauin zu Manderſcheibt,
> Frewlein zu Blanckenheim, mein handt.

Dieſe Abſchrift ſtimmt wörtlich überein mit einer ziemlich gleichzeitigen Kopie, welche in dem Königl. Staatsarchive zu Wetzlar in der Abteilung „Preußen", sub littera E, lſbe. Nr. 619, fol. 166 ff. aufbewahrt wird.

Wetzlar, den 8. März 1889.

Der Königl. Staatsarchivar, Archivrat Dr. Veltman.

Jn den Wetzlariſchen Reichskammergerichtsakten [1]) finde ich vom Jahre 1620 noch folgende Stelle über die Verpflichtung oder Vereidigung der Pröbſtin von Rellinghauſen:

> „Jtem wahr, daß auf die vorgeſchriebene und verglichene articulos eine Pröbſtin zu Rellinghauſen vor dem hohen Altar mit auf= gelegten zweien Vorderfingern der rechten Hand auf ein alt manuscript Evangelien Buch und darauf in Elfenbein gefaſſtes Crucifix mittelſt leiblichen Eidts in forma solenni vor dem heiligen Amt und Gottes= dienſt betheuern und ſich verpflichten müſſen."

Anlage Nr. 2.

Vertrag vnd veranlaßung einer Abtißinnen Zu Eßen vnd Capittell Zu Rellinghaußen. Anno 1575 am 19. Augustj. [17]

Staatsarchiv zu Wetzlar. [2])

Als Zwiſchen der Hochwirdig, wollgeborner Frawen Elſabeth, geborner Grauinnen Zu Manderſcheidt vnd Blanckenheim ꝛc. des Keyſerlichen frei= weltlichen Stiffts Zu Eßen Erwelter Abtißin vnd Probſtin Zu Rellinghaußen an einem, vnd denen wurdig Edlen dugentrichen ſemptlichen Canoniſſen vnd Capitular Junfferen des Freyweltlichen Stiffts Zu Rellinghaußen ahm anderen theill, wegen der Probſteyen daſelbſt Zu Rellinghaußen vnd derſelben an= hangenden gerechtigkeit, allerhandt Jrthumb entſtanden, derohalb beide theill,

---

1) Lſbe. Nr. 619.
2) Jnn Sachen Eßen c/a Rellinghaußen. Spirae 31. Augusti. Aᵒ· 1621.

infonderheit aber eines gutts halber, Munckhoff[1]) genandt, Zu Collen ans Geiftlich Recht erwachßen, vnd doch beide Partheien, alfolchen Rechts= weitleuffigkeiten, vnd daran gewanter Koftfpillderung, villiber geubrigt geweßen; Demnah haben hoch= vnd Zuuor bemelte Partheyen, durch funderlinge vnder= handtlung ihrer Freunde, Jetz angerichte geprechen volgender maßen, ihn der gutte verglichen vnd hingelegt.

Anfenglich foll hochgemelte Fraw Abtißin vnangefehen, Jrer F. G. hiebeuor gethaner verheifchungh noch drey Jar bei der Probftey Zu Relling= haußen gelaßen werden, vnd dabei reulich verpleiben, vnd mit vorwarden, wie Jre F. G. auff Zeit derfelben erften erwälung fein angenommen, dennen dan Jr F. G. ftrank[2]) nach Zufetzen gelobt, vnd verfprochen, vnd hiemit gelobt vnd verfpricht, vnd der geftalt, die administration ihn benenter werender Zeit continuiren, nach vmbganck aber derfelben Zeit, foll den Junfferen die Koer vnd wall freiftehen, ihn aller maßen als fich Jhr F. G. vorhin verpflichtet, vnd dargegen vor fich felbft, noch Jemant anders, von Jhrer F. G. wegen, nichts vornehmen noch handelen follen.

Als dan Zum anderen, wegen der behandung des Munckhoffs, Zwifchen hoch= vnd gemelten Partheyen allerhandt Jrthumb fich erhaben, von wegen Hochgemelter Frawen Abtißin vorgetragen, welcher geftalt Jhrer F. G. vor= faren, an der Probfteyen Zu Rellinghaußen, Jeder Zeit, wan fich der fall Zu getragen, (Jedoch einem Ehrwurdigen Capitull Zu Rellinghaußen Jhren gewehnlichen Jarpfacht vorbehalten) mit dem Monckhoff die Rechten befibten, vnd funft anderen, vermög des Stiffts vralten, wollhergebrachten Rechten behandet hetten, daher Jhr F. G. als ein Probftin Zur Zeit Zu Relling= haußen, nit vnpillig verurfacht, Diederich Munckhoff, weilandt Johan Munck= hoffs als des Letzten behandigtften nachgelaßenen Sohn, mit demfelben gutt Zu behanden, vnd denfelben auch bei alfolcher behandungen, als vill moeglich Zu handthaben, Dagegen aber angeregte Capitular Junfferen Zu Relling= haufen eingewandt, das fie fich Keiner behandung, am felbem Munckhoff, fo die vorige Probftinnen gethan hetten, wißen Zu berichten, fonder es vill= mehr mit Zu ftandt der warheit daruor heilten, das der Munckhoff, fo woll als der Hoff Kirchfeldt, eines Ehrwurdigen Capitels, Frei Allodial guttes, Je vnd allweg geweßen, vnd noch, vnd das auch ein Ehrwurdig Capitull, diefelbe fampt vnd befunder auszuthun verleihen vnd verpfachten mochten, einer Probftinnen Zur Zeit, Jres win kauffs gelt vorbehalten rc. Dem glichwoll hochgemelte Fraw Abtißin, Keinen beyfall thun wollen, funder es dauor gehalten, das beide obenernente hoff vnd gutter Keine Freye Allodiall= gutter, des Stiffts vorgemelt, funder villmer der Probfteyen Hoffs vnd hulbige horige behandungs gutter weren, vnd das einer Probftinnen Zur Zeit die behandungen Zu thun, Je vnd allweg gepeurt hette, vnd noch vnd aber die Capitular Junfferen, contrarie fuftinirende, beßen fich doch hoch vnd mehr gedachte partheien vor Jhre perfonen, Keinswegs Zu uerglichen gewift.

---

[1]) Mönckshofs Gut in Überruhr. Letzteres, beftehend aus den Bauerfchaften Hinfel und Holthaufen, gehörte zum Stift Rellinghaufen.

[2]) Strankeit = ftrenge Lebensweife. Am richtigften lieft man wohl straek = strak = feft, ftrenge und = von der Zeit, fofort, ohne weiteres.

So ist der Stridt [1]), ob nemlich oberurte gutter Allodiall Oder aber behandungs gutter seindt, Dem durchleuchtig hhochgebornen Fursten, vnd Herren, Herren, Wilhelmen Hertzogen Zu Cleue, Gulig vnd Bergh rc. heimgestelt, vnd ahn Ihre F. G. veranlaßt worden, der gestalt, das Ihre F. G. durch derselben vnpartheysch Räthe vnd gelehrten, auffs Kurzst vnd schleunigst, solchs Immermehr geschehen soll, Kan oder mag, sich dißer gebrechen, durch Rechtliche mittell erkundigen, vnd endtlich mit Zu thun Ihrer F. G. daruber erkennen, was den Rechten vnd woll herbrachtem gebrauch gemeeß ist, dabei es auch ohn appellation, prouocation vnd reduction, derren sich beide theill freiwillig begeben, verpleiben soll, wie dan beide hoch= vnd Zuuorgedachte partheyen, Ire F. G. dißer sachen halber ersuchen, vnd sollen biß Zu solcher erkentnuß die behandeten, bei den gutteren verpleiben. Folgents aber wie erkandt werden mocht gehalten werden, Jedoch soll Munckhoff wegen der schuldiger dritter garben [2]) sich mit ehegemelten Capitular Junfferen vmb einen pilligen treg= lichen pfacht, Jerlings daruon vnweigerlich Zu verrichten vergleichen, vnd damit vertragen, Im fall der Furstlicher bescheidt den angegebenen behandungen Zu gegen fallen wirt, das als dan glichwoll die inhaber der gutter Nemblich Dierich Munckhoff, vnd gerrit Kirchfeldt anderen vorgezogenen, vnd auff tregliche sellige verpfachtung dabei gelaßen werden rc.

Im fall aber mittler Zeit, vnd vor erorterungh des Jetzo veranlaßten Proceß einig gutt erledigt wurde, so soll die letzste handt nit bestoweniger dabei rewlich verpleiben, vnd da dieselb auch ihn mittels mit bhodt verfiell, so sollen alsdan beide streibende partheyen sich Zweyer gutter freunde, deren ein Jede einen dar stellen soll, vergleichen, vnd durch dieselben sich weisen laßen, wie sie sich mit dem erledigten gutt, biß dahin, das der veranlaßter Proces erordert, verhalten soll rc.

Jedoch mit dem besonderen vorbehalt, das heirmit noch durch gegen= wurtigen vertrag dem einen noch dem anderen theill anhabender gerechtigkeit nichts abgenohmen, noch Zu dem er nit befugt, nichts gegeben sein soll, Argh vnd list, vnd alle verdechtige behendigkeit ab vnd ausgeschlossen, vnd soll angeregter Proces, so des Munckhoffs halber, Zu Collen angefangen, heirmit Cassiert, auffgehaben, thodt, vnd beiderseidts angewente vnkosten Compensiert sein vnd pleiben rc. Als auch Zum dritten, Hochgemelte Fraw Abtißin sich etlich vorenthaltenen holtz beklagt, so ist vertragen, was biß dahin verlauffen vnd verfallen, das solches hochgemelte Fraw Abtißin, den semptlichen Capitular Junfferen Zue Ehren nachlaßen, vnd doch Kunfftiglich Ihrer F. G. als Probstinnen des Stiffts Rellinghaußen, deswegen follgen soll, was Ihren F. G. deswegen gebuhrt rc.

Dißes haben also hoch= vnd villermelte partheyen bey Ihren Furstlichen waren worten vnd Adelichen Jungfrewlichen Ehren vnd trewen, sonder einig Exception vnd außflucht, vnuerbruchlich Zu vollenziehen vnd Zu halten gelobt vnd versprochen, vnd dißes Zu warem vrkundt, seindt Zwei glich=lautende

---

[1]) Das Wort ist korrigiert; möglicherweise ist „Standt" zu lesen.

[2]) „b" und „g" in „dritter" und „garben" sind nicht mit absoluter Deutlichkeit zu erkennen. An ihrer Stelle standen ursprünglich andere Buchstaben, die durch die Korrektur einer anderen, aber wohl gleichzeitigen Hand, verwischt sind.

vertrege, Jeder parthey sich dar nach Zu richten, auffgericht, vnd vnder Hochermelter Abtißinnen, der glichen vieren von den Eltisten Canonissen des Stiffts Rellinghaußen, sambt dreien von Jren bewanten vnd freunden, mit eigenen handen vnderschrieben. Gegeben Zu Eßen Im Jar nach vnsers Seeligmachers gebuhrt, Taufent Funffhundert Siebentzig Fünff den neun= zehenden Monatz Augusti zc.

Elsabeth frewlein Zu Manderscheidt vnd Blanckenheim, Abtißin Zu Eßen, Probstin Zu Rellinghausen.

Agnes von Beuren mein handt.

Anna Mallingradts mein handt.

Jasper von Bolswing mein handt.

Bylye vom Rewenhoffe mein handt.

Joft von Beuren,

Herr Tom Daurensberge [1]).

Wenemar von Bolßweing.

Conradt von der Reck.

Diese Abschrift stimmt wörtlich überein mit einer ziemlich gleichzeitigen Kopie, welche in dem Königl. Staatsarchive zu Wetzlar in der Abteilung „Preußen" sub littera E, lfde. Nr. 619, fol. 151 ff. aufbewahrt wird.

Wetzlar, den 8. März 1889.

Der Königl. Staatsarchivar, Archivrat Dr. Veltman.

Anlage Nr. 3.

Fischerei in der Ruhr bei Steele 1565.

Staatsarchiv, Wetzlar. [2])

Wyr Elizabeth und Elsabeth geporne Gräfinnen von Manderscheib und Blankenheim, Pröbstin und Dechenin, und Margaretha geporne Gräfin von Honstein Capitularen dieser tyt des Kayserl. freiweltl. Stifts Essen thuen kundt, kennen und zeugen mit diesem Brief für uns und unsere Nachkommen Pröbstinnen, Dechenin und semptliche Capitularen unseres Stifts, Nachdem nun die Sestigh Pacht und Gewinns=Jahren, als von weilandt Mennen von Obersteyn, Abdissen gerorts Stifft, seliger und löblicher Gedechtnus und zeitliche Capittul Herman Smedt, Eberdt Steelman und Johan Feggeler, auch Alle in Gott selig, vur sich und ihre Erwen an den beden unseres Stifts und Abdyen Fischereien in der Rhuir bei Steel [3]) sampt ihrer semptlichen In= und Zubehören jarling vur 24 Rinsche Gulden, acht schillingh Essendisch vur jeden Gulden, zu bezahlen, samt gewöhnlichen Hochzeits=Fischen, an sich inhalts Brief und Siegel (darvon uns glaublich bescheid vurbracht) erlanget, gar zum Ende verlaufen und umb sein, dero=

---

[1]) Man kann so lesen und im Grunde genommen geht es kaum anders. Aber ich glaube, daß sich der Kopist saed. 16 verlesen und ein „i" zu viel geschrieben hat. Denn ohne dieses „i" stände richtig „Dawensberge" da.

[2]) Lfde. Nr. 619, fol. 79.

[3]) Jagd und Fischerei gehörten zu den landesherrlichen Regalien. Vergl. W. Grevel, Übers. b. Gesch. d. Landkreises Essen, S. 40. Dessen Materialien zur Gesch. d. St. Steele, S. 64.

wegen die hochwürdige Frau Irmgardt geporne Gräfin und Edell Dochter zu Diepholtz itzige Abtiffin mehrgedachts unseres Stiffts, unser werthe liebe Frau, dieselbige Fischereien mit aller ihrer Zubehoer dem Ehrenvesten und frommen unserm lieben besonderen und günstigen Eberten von Scheuren zur Horst uf der Rhuir und seinen Erben, gleichermaift wiederumb 60 Jahren, verdain und verpechtet vermoegh Brieff und Siegel, so Ihre Liebde gedachtem Eberten von Scheuren darüber gegeben, Da wir demnach vur uns und unse Nachkommen Probstin, Dechanin und femptliche Capitularen unsers Stiffts in solche verthiente 60 Pacht-Jahren und darüber aufgerichte und von unser Frauwen Abdiffen gegeben Brieff und Segell und derselben Schuldt consentirt und verwilliget haben, Consentiren und verwilligen hiermit und in craft dies brieffs, Gelobende Ime und seinen Eroen, die auch alß vestiglich und vollen-kommentlich zu halben, Ohne Gefahr.

Des in Urkundt und Gezeugnus, haben wir Elisabeth und Elßbeth Gräfinnen von Manderscheidt, Pröbstinn und Dechanin, und Margareth, Gräfin von Honstein, Capitularen vorgenompt (Dweil wir itzo aus besonderen Ursachen unseren Capitels Siegel nit haben zu gebrauchen [1]) sampt und ein Jeder von uns besunder, vur uns und unsere Nachkommen vurß. unsere eigen angeporne Siegel anstatt unsers Capittels Segel, an diesen Brieff wissentlich doen und heißen hangen, Daneben auch diesen Brieff mit unsern eigen Handen underschrieben, der geben ist im Jahr nach Christi geburt, Dusent vünff-hundert vünff und Seftig, ahm Saterstagh nach dem Sonntagh Reminiscere.

(gez.) Elisabeth fräulein zo Manderscheidt und Blankenheim, Proestin mein handt.
Elssabeth fräulein zu Manderscheyt und Blankenheim Deckanyn.
Margreta geborne Greffin von Honstein Capitularin meyne hant.

Anlage Nr. 4.

Prozeß „Pröbstin und ganzes Kapitel zu Essen contra Doctor Nicolaus Reppelmundt". — Vollmacht derer Intervenienten, vom 20. März 1569.

Staatsarchiv Wetzlar.

Im Jar . . . 1569, am Sonntag den 20. März um die 9. Stunde vormittags . . . Die . . . Elsabeth von Manderscheidt Blankenheim Dechenin, Elisabeth Gr. zu M. u. Bl. Pröbstin, und Margareta Gräfin zu Hohenstein Cüstersche, als Capitular Jungfern des Kais. freiweltl. Stiffts und Collegiat-Kirchen binnen Essen, . . . Sein vor mich offenen Notario in obgemelter Gezeugen Gegenwärtigkeit . . . erschienen, und haben . . . den Ehrenhaften und Wolgelerten M. Eberhardten Leumen von Coiß-feldt, des Erzbischöfl. Gerichts binnen Cölln Procuratoren, und Adolffen Wesselingk, . . . (zu bevollmächtigten Procuratoren ernannt) . . .

---

[1] Zweifellos soll dieser Zwischensatz auf das zwischen Fürst-Äbtiffin und den Kapiteln bestehende Zerwürfnis hindeuten. Bekanntlich (f. oben im Text S. 9) wurde u. a. der Ersteren auch vorgeworfen, daß sie die Schlüssel zum Archiv ꝛc. beschlagnahmt habe und dem Kapitel den Zugang dazu verwehre.

Geschehen und verhandelt bynnen Essen in der Collegiat=Kirchen
S. Cosman und Damiani uff der Wolgedachter Capitular=Jungfern Chor
und wolgedachter Frawen Pröbstinnen Behausung, ... In Beisein . . .
Christoffer Berg Secretarius, Johann Herkt Präsentiarius wolgedachter
Capitularen, und Arnolden von Moerß Wolgerürter Pröbstinnen Secretarius,
als Getzeugen.   . . . Ich Wirich Helttorf von Essen
Notarius Publicus, etc.

Anlage Nr. 5.

Quittung der Dechantin Elsabeth zu Essen für den Essendischen Amtmann Diedrich Cloet über empfangene 50 Thlr. 1569.[1])

Wir Elßbeth geborn Grefhin zu Manderscheit und Blankenheim p.,
deß frey Edlen Stifftz Eßen Dechanißse und probstin zu Rellinckhußen be=
khennen hiemit, daß unß der Erbar Diederich Cloith alsolche fünffzich Daler
alß uns Jaerlix uff Margrete von weghen eins Ehrw. Capittels gueder im
Stifft Münster uf dem Dreen versehenen luith siner habender verschreibungen
huibe dato uf Margreten van dem Jhair der wenigher Zall negen und
festigh an Alingen summen, gelebert und bezalt hat, von welchen Termin
und allen anderen wir empfanghen ermelten Cloeth quiterende Orkhundt
unsers hiruf gedruckten pittzafs. Dat. a°. 1569 uf dach Margarethä virginis.
Berge secretar. scripsit.

Anlage Nr. 6.

Schreiben Grafen Hermann von Manderscheidt an seine Schwestern Elsabeth und Elisabeth, Dechantin und Pröbstin zu Essen und resp. Pröbstin zu Rellinghausen, d. d. Arnsberg, den 20. August 1569.[2])

Ex original.[3])

Die Aufschrift des Briefes lautet:

Deir Ehrwürdig Wolgebornen Elizabethen des Kay. friewettlichen
Stifftz zu Essen Probstjnnen und Elsbethen Dechaninnen daselbst
und Probstinnen zu Rellinghausen Geschwesteren gebornen
fräulin zu Manderscheidt unnd Blankenheim Meinen freuntlichen lieben
Schwestern   Sambt und besond's.

---

[1]) Kindlinger, Ms. Tom. 120, p. 152. — Diedrich von Cloedt war Fürstl.
Essendischer Amtmann über die betreffenden im Stift Münster gelegenen Kapitels=
Güter. Zufolge Urkunde von 1567 (Kindlinger, a. a. O., p. 149) hatte Irmgard
ihm die Höfe Verhorst und Oding auf 21 Jahre gegen die jährliche Pacht von
50 Thlr. übertragen.

[2]) Es handelt sich hier um auswärtige Essendische Stiftsgüter. a) Die Güter
„auf dem Dren" im Stift Münster gelegen, mit den Oberhöfen Verhorst
und Oding bei Ahlen und Beckum; b) die Güter „im Salland" bei Swolle
im Stift Utrecht mit 3 Haupthöfen.

[3]) Staatsarchiv Wetzlar.

Ehrwürdige Wolgeboren freuntliche hertzliebe Schwestern. Mein freuntlich
grueß, bruederliche trew und was Jch ehnen liebs und guitz vermach zuvor.
Es haben mir die Ehrvesten friedagh van Lair zu . . . . . .,[1]) und Johan
von Beverförde zu Uebernwerrieß zu erkennen geben, wilcher maißen zwei
Amter zum Stifft von Essen gehörig Jnnen woll gelegen weren. wollten
demnach von der Hochwürdigen frauwen Abbissin p. auch sementlichen Capitulair
Brauwen des Stiffts Essen berürter zweier Aembter Lehening auff etliche
Jair oder aber Jr lebenlangs gepuirlicher Weiß gern an sich bringen und
darumb werben. Derowegen sie in biesein etlicher von Abell meiner besonder
guitter freundt denen Jch ungern etwas abschlagen wolle, mich gebeten Jhnen
die beiden E. L. fürderung zu erzaigen. Das Jhnen gedachte Ambter vor
Jemans anders verliehen mogen werden. Dweil aber Jch der Gelegenheit
kein Wissens gehabe. So haben sie mir zum bericht dieß schrifftlich zu=
geschickt. Nemblich das der Ambter eins Johann Cloit zu Alen selig
bis Zeitt seines Lebens, in seiner Verwaltung gehabt und numehr Nach
desselbigen absterben Hochgedachter frawen Abbissin und den Capitular Brauwen
zu Essen zu verleihen heimgefallen sei, Davon die Guether in gedachtem
Ambt gehörig Jm Stifft Munster umb die Statt Alen und Beckum her=
gelegen. Dasselbige Ambt begert vorgedachter Frybagh von Lair zu . . . . . .[1])
vor genugsame wieder vergeltung aller gestalt wie es obgemelter Johann Cloit
zu behoren Jngehabt zu erlangen.

Das ander Ambt solle Jm Stifft Utrecht zwischen Deventer
und Swolle gelegen sein. Und D'jenig so es jetzo Jnhat hett kein lengere
Zusaghe darauff als negst künfftig Martini über ein Jahr alßan sein seine
Jair alle verlauffen. Wann nu die Zeitt umb were, wolt vorgemelter
Johan von Beverfoirtt zu Uebernwerrieß Dergleichen von Hochgedachter
frauwen Abbissin p. und Capitulair Brauwen zu Essen uff den alten präuch
(Brauch) für auch gnugsame Vergeltungh sein lebenlang oder etliche Jair
zu vertretten, Das Ambt gern erlangen,

Hab auch darüber E. L. zum beiden woll soviel vermerkt, daß sie bei
Hochgedachter frau Abbissin p. auf die vurst. zwei Aembter die bewilligungh
und belehnungh vor dero Person zu bekommen sich woll vermuthen wollen.
Da es allein bei E. L. (dero bewilligungh sie sonderlich begerten) erhalten
würde, Wan nu Jch gedachten vom Adell nit allein in dem sondern Jn
größeren guten Willen und muegliche Befurderung und fürschub zu thun und
zu leisten gantz gnaicht, Auch in keine Zwiefell stelle, Sie wurden sich gegen
E. L. hinweder der gepur zu erzeigen wissen. Alß darumb ist an beide E. L.
mein freuntliche pitt. Dieselben wollen sich gegen gedachte Zwehen von Adell
mit Verlehnung berürter Aemter also befürderlich für E. L. Personen erfinden
lassen, das sie dardurch erspüren Meiner fürbitt bei E. L. genossen haben;
Jch auch sehen muege, daß E. L. mir etwas zu gefallen thun wollen, Wie
ich nitt zwievell (zweifle) E. L. gern thun, und mit Niemandes Anders
gedachter zweier Ambter halber sich einicherlei weiß einlassen werden, Das

---

[1]) Der Name des Orts ist unleserlich. Es bestanden in Westfalen ver=
schiedene Zweige der Familie von Vridag, zur Unterscheidung wurde der Wohn=
ort beigesetzt.

bin ich hinwieder umb E. L. freuntlich zu beschulden gewillt. Und bevehle dieselbigen E. L. sambt und besonders In schirm des almechtigen, Dat. Arnsbergh den 20. August Anno p. 69.

E. L. Gutwillig treuer Bruder

Herman Grave zu Manderscheidt und Blankenheim,
Herr zu Junckerraidt, p.

Anlage Nr. 7.

1570. — Schreiben der Pröbstin Elisabeth und der Dechantin Elsabeth zu Essen an den Amtmann Diedrich Cloet wegen der Stifts-Höfe Öding und Berhorst.[1]

Erbar und achtpar liebe besunder, waß sich unsere Stifftz luide der Hove Odinck und Berhorst im Stifft Münster hiebevorn und nun neulich über etzliche vom Adel wie nemblich Freitagh van Lair und Johan von Beverförde ahn uns beclagt, stellen wir nit zu rück oder zwivel wissen ihr uch uß ergangenen geschichten und sunst allenthalben zu erinnern. Und dieweil wir uch in der Amtzverwaltunghe, ein zeitlangk vermughe alhir geleberter Pfennunghe, befunden, auch nit wissen weßhalben bemelte Lair und Beverförde sich unsere Höve, Guidere, Gulden und Rhenten außerhalben unsere Verwilgungke under-nhemen und indringhen solten, Wir auch der Jhairpfechte von uch uff kumpftige Margaretha gewerdich sein wollen, Alß haben wir verruckte wile ahn die Münstersche Amptluide und bevellicht haben, deß artz unsere Stifftz luide und guidere gesessen und gelegen, ein offen schreiben laaßen gelanghen und haltens dafür zu wissen, wieso (2 bis 3 Worte zerfressen) unsere Meinung; Zu berichten Im Fall aber ihr by unserer Fürstin und Frawen Abbißinnen, von Jemande einiger Unrichtigheit angezeighen weren, woll uthaen mittel anliggen sich deßen wißen zu verantworten.

Und bis daher uhe Amtzverwaltunge durch hilff und bistant landtfürst-licher Ubrigheit zu continuiren, und haben nach Ußganck itzighen Jaires weiter bescheitz van uns zu gewarten, Das wir uch sich darnach wißen zu halten und un-vermelt nit muegen laißen, In Gnaden frist uch Gott. Datum Eßen under unser der Dechanissen Pettschir uff den XI des Monats January A°. LXX.

Elisabet und Elsabeth Geschwestern geporn Graeffinnen
zu Manderscheit und Blankenheim, des Kay. frei edelen
Stiffte Eßen Pröbstin und Decanisse.

Dem Erbarn und achtbaren Diederich Cloet
unsern lieben besunderen.

---

[1] Kindlinger, Ms. Tom. 120, S. 154. Der 120. Band der Kindl. Samml. enthält überhaupt ausführliche Nachrichten über diese auswärtigen Essend. Höfe.

Anlage Nr. 8.

1570. — **Schreiben des Essendischen Amtmanns Diederich Cloedt zu Ahlen an Pröbstin und Dechantin zu Essen.**[1])

Erwirdighe und wolgeporne gnädighe frawen und Juffern, E. G. sein mein undertheinighe dienste besten fleißes befohr, G. F. und J. daß E. G. mir jüngst verrückten taghen ein schreiben gnädiglich haben zuekhomen lassen, welche ihn nahmen Freitag von Laer und Johan von Beverförde an Ew. G. Bruder den Edlen und Wolgebornen Herrn Herrn Herman graffen zu Manderscheidt und Blankenheim, Herrn zue Junckeraidt p. gelangt, dessen thue ich mich gegen E. G. gantz undertheniglich und dienstlich bedancken, und woll daßelb umb E. G. jederzeitt nach gelegenheit meynes hohen alters zu verschulden genegt sein.

Wiewoll nun gemelte Laer und Beverfurde in sollichem schreibenth sich mit ihren adelichen Ehren und berümten Eidt hohe betheuren, So magh ich doch E. G. nitt bergen, daß (ob Gott woll) solliche ihre geclagte stück nimmer mit warheitt über mich beweisenn, dargethan oder befunden werden sollten, und wehre mir zwar leidt daß ich solliche sachen unwarhafftiglich dargestelt bei meinen ehren und eidt zu beweisen, mir uflaten sollt, angesehen, daß dieselb notorie und offenbar der Warheit ungleich sein, und hette mich zwarn zu gemeltem Laer und Bever-förden, denen ich Ehren und Willen erzeigt hab und umb dieselb es nit verschuldet, nit versehen, daß sie in meynem hohen Alter mit sollichen unerfindtlichen Dingen mir und den meynen nachtrachten solten. Da ich bis anhero sechs underscheitlichen Fürsten dieses Stifftz Münster, wie auch Capittell und der gantzen Münsterschen Landschaft dermaißen gedienet, daß ichs bis uff heutighen tagh (Gott lob) Rohm und Dank gehat habe. Daemitt aber E. G. spueren sollen, daß ich dero sachen geinen Scheu traghe, deweill ich alters und unvermögenheit halber in diesen winterlichen Taghen nit reisen kann, will ich meine Sönne, dern ein Theill nitt von Hauß, wegen anderer landtgeschäft in 14 Taghen khommen könne, z. E. G. mit mündtlichen und schrifftlichen bericht abfertigenn, von dennen E. G. der sachen viell ein andere Gelegenheit genediglich vernehmen werden. So hab ich auch auff E. G. empfangene bevellig durch obgemelte meyne Söne unsern g. Fürsten und Hern Bischoffen zu Münster p. mündtlich ersuchen lassen, der auch nitt allein an Beverfurden und Laer, sondern an J. F. G. amptleuthe umb Abschaffungh sollicher angefangenen beschwerlichen Neuerungen gantz ernstlich geschreben, wie E. G. zur selben obg. Zeitt ferner bericht empfangen und vemuthen werden. Mitt bitt E. G. mich in diesen verzugh nit ungenedigh verdencken wollen. Daßelb umb E. G. zu verschuldenn byn ich gantz willich, dieselben dem Allmechtighen Gott hiemitt in seinen schutz empfhelendt. Datum den 24. January A°. p. 70.

E. G.

Dienstwilliger Dietherich Cloeth zue Aalenn.

Die Aufschrift des im Original vorliegenden Schreibens lautet:

„Den Erwürdighen und wolgebornen frawen frawen Elisabeth und Elisabet geschwesteren geporner Greffinnen zu Manderscheit und Blanken-heim, p. p. des freiebeln stiffts Eßen Probstin und Dechanin, auch sement-lichen Capittularen daselbst meynen gnedighen frawen sambt und sunder."

---

[1]) Kindlinger, Ms. Tom. 120, S. 287.

Anlage Nr. 9.

1571. — Horstmarischer Receß zwischen Irmgard, Fürst-Äbtissin zu Essen, v. Laer und v. Beverförde, der Dechantin Elsabeth zu Essen und dem Stifts-Amtmann Diedrich v. Cloet, wegen der Stifts- güter Öding und Berhorst.

Nach Kindlinger.[1])

Nachdem sich mißverstande erhalten zwischen der Erwürdigen und wol- gebornen Frewlein, frewlein Irmgarten, Graffinnen und Edell Dochter zu Diepholt, und Ebtissinnen deß Kaiserlichen freien weltlichen Stifftz Essen, und dem Eddelen und Ernvesten Johan von Beverförde und Freitagh von Lair, eins, und auch der werdigen und wolgeporn frewlein Elsabet geporne zu manderscheit und Blankenheim Dechanin daselbst, anders, und den Diethrichen Kloitt brittentheils, herrürende van etlichen Essenschen Behandtz gütern, Damit gedachte beyde Beverförde und Laer van wolgedachter Abthissin behandet, und dan seins Cloitz bevollene Ampts verwaltungh be- langendt, Derwegen üllerhandt Clagen, Hin- und Widberschriften, an den hochwürdigen Fürsten und Hern, Hern Johanssen Bischoffen zu Munster und Administratore beeder Stiffter Osnabrügh und Paderborn p. meins gnedigen H. ergangen, Derhalben dan auch Jre F. G. allerseidts Pechtere, gegen den neunten dieses Monats July alhie furbescheden, und in der Personn selbst, in Anwesend Jrer F. Gnd. Räthen, der abgefertigte Vulmechtigen und er- scheinende Partheien (außerhalb wolgerürter Dechantinnen, so außen plieben auch nit geschickt) Jrer gegen einander habender Gebrechen halber angehört, So ist folgens nachfolgen abscheidt getroffen und ein- gestalt worden.

Und Jrstlich so vill die durch Beverförde und Lair entbörte und näch- stenbige jarlige Pacht, so albereit an den Behandtz gütern, damit sie itziger Zeitt behandet, verschenen, und kunfftig verfallen werden, belangt, Jst ver- abscheidet, daß gedachte Beverförde und Laer dieselben Diethrichen Kloett, als bestellten Amtman, und so lang er bei seiner Amptsbedienung ist, ent- richten und jarlich lieffern lassen sollen und wollen, auch da solliche Pfechte der mißbetalunghe halben, in gepürender Zeitt nit eingepracht werden, Er Kloitt Macht haben soll, die Besitzer und Pfechtere der Güter darumb zu pfenden und damit zu verfahren, wie mit bergleichen säumigen gepräuchlich und herpracht ist. Hier entgegen wol hochermelter mein gnediger Her, Jre Fürstliche Gnaden angelegten Arrest relaxiren und abthun, auch Jren Ampt- leuten sollichs zu wissen machen und Jnen darüber sünderlichen befellich zu- kommen lassen.

Waß dan belangt die angegeben Erbtheilungh, so ermelter Kloett an dennen mit Essenschen volschulbigen eigenen Leuten besetzten Gütern, zu haben sich anmaßet, und aber der Gegentheill dessen Jme kein gestandt gethan, So ist darauff dieser abscheidt geben, daß welcher theill, den anderen

---

[1]) Kindlinger, Ms. Tom. 120, p. 309—311. Eine zweite notariell be- glaubigte Abschrift findet sich in bemselben Bande, S. 317—319.

deßfalls ſpraichloß mit verkeſen will, daß derſelbiche an gepurenden orteren, ſeine notturfft in der Güthe oder zu Rechte, wie ſich gepürtt, befürderen und ausſpüren. Und immittelſt ſich beide theill, von wegen ſollicher Erbtheilungh gegen einander freundtlich und ohne ſchaetlicheit verhalten, Auch die Leute bisfals durch ſie wedder die gepür nitt beſwert werden ſollen. Zur Urkundt iſt dieſer Abſcheidt drei verfertiget und mit hochernants meines gnedigen Herrn Secrett Siegell befeſtiget worden, zu Horſtmar, am 10. July anno im ein und ſiebenzigſten.

Anlage Nr. 10.

Zeugniß Salentins, Erzbiſchofs von Köln, über die edle Abkunft der Magdalena von Manderſcheid und Blankenheim, Tochter Gerhards Grafen v. M. u. Bl. d.d. 4. Mai 1571.[1])

Wir Salentin von Gottes Gnaden Erwölter zu Erzbiſchoven zu Cöln, des hl. Röm. Reichs durch Italien Erzcanzler und Churfürſt, Herzog zu Weſtvale und Engern, 2c. ... thun kundt hiermit gegen Jedermänniglichen, inſonderheit der würdigen edel und Wohlgebornen unſern Nichten und lieben andechtigen Abtiſſin, Pröbſtin, Dechaniſſe, Cüſterſchen und vort. gemeinen Capittel des Stifts Eſſen. Nachdem wir von wegen der Wolgeborn Magdalena Grevin zu Manderſcheid und Blankenheim, Fräwlein zu Gerhardtſtein, ires Herkommens und acht Ahnherrn halben Urkundt und Zeugniß gnedigſt zu geben, unterthenigſt und erſucht worden: ſo iſt uns bewußt und betzeugen darumb mit Krafft dieß Brieffs, daß gemelte Frewlin Magdalena von dem Wolgeborn Johannes Gerhardten, Greven zu Manderſcheid und Blankenheim, Herrn zu Gerhardtſtein, und Margarethen Wildt- und Rheingrevin, Grevin zu Salm, und Freifrawen zu Vinſtingen in rechtem Chriſtlichen ehelichen Eheſtand gezeugt und geboren iſt; und des gedachten Graf Johanns Gerhardten Vatter geheißen hat Gerhardt Grave zu Manderſcheidt u. Bl., Herr zu Gerhardtſtein, und deſſelbigen Ehegemalin war genannt Franciſca freifrau zu Montfort, und itz Gr. Gerhardten Mutter iſt geweſen Margareta, eine geporne Grevin von der Mark und Aremberg, und vorgedachter Franciſca Mutter Carlotta geporne von Hollandt und Brederoidt, freifrau zu Viannen und Ameiden. Vorther des obgedachten Graf Johanns Gerhardten Ehegemals Margareten vurß. Vatter hat geheißen Philips Franz Wildt-Grave zu Dhaun und Kyrburg, Rheingrave zum Stein, Grave zu Salm und Herr zu Vinſtingen, und deſſelben Mutter iſt geweſt eine geporne Grefin zu Newſchatell, Freifrau zu Montagii genant Bethonia, und obgenannter frau Margarethen Mutter iſt genennet geweſen Maria Egiptiaca, eine geporne Grevin zu Oetingen und dero Mutter iſt geweſen eine geporne Grevin zu Hohenzollern und Sigmaringen, freihern zu Hoigerloch, Warſtein und Hechingen, Salome geheißen.

---

[1]) Kindlinger, Manuſkr.-Samml. im Königl. Staatsarchiv zu Münſter, Tom. 104, p. 244.

Also ist obgedachte Frewlein Magdalena Grevin zu Manderscheidt x. von löblichem Christlichen unb ehelichen freyen Stamme irer Acht Ahnherren vurß. ehelich geboren. — Darumb haben wir zur Urkundt unb Bezeuge derer Warheit unser Secret sigel an diesen Brieff thun hangen, der geben ist am freitag den 4. Tag May im fünffzehnhondert ein= unb siebenßigsten Jare.

(gez.) Salentin.　　(Siegel) 　　Joh. Bergmann.
　　m. ppr.　　(anhangend.)　　Herßig.

Anlage Nr. 11.

Einladung des Kapitels an die abwesenden Canonissen, an der auf den 11. Juli 1575 festgesetzten Abtissinnen-Wahl teilzunehmen, datiert Essen, den 2. Juli 1578.

Nach Kindlinger.[1]

In nomine Domini amen. Nos Elisabeta Prepositissa, Elsabetha Decanissa, Magdalena Thesauraria imperialis secularis et collegiata Ecclesiae beatae Mariae Virginis, nec non D. D. Cosme et Damiani martyrum oppidi Assindensis Canonissa pro tempore Capitulares Comitissa ac Domina in Manderscheidt, Blankenheim et Gerolstein respective.

Nos Hermannus Helling Decanus, Gerhardus Schwan senior, Johannes Judicis, Johannes Hessehuis, Everhardus Bortrop, Jodocus Segebot, Henricus Hiltorp,˙ Elbertus Hessehuis et Henricus Braem Canonici Capitulares praedictae Ecclesiae presentes, Capitulum ipsius Ecclesiae pro nunc facientes et representantes, in Capitulo jam dictae Ecclesiae nostrae insimul hodierna die nimirum sabbati secunda mensis Julii de mane capitulariter congregati, omnibus ejusdem Ecclesiae Canonissis et Canonicis capitularibus salutem in Christo.

Cum recolendae memoriae Reverenda et illustris Irmgardis ex Comitibus a Deipholt quondam nostrae imperialis secularis et collegiatae ecclesiae Abbatissa die Martis, quae fuit vicesima octava mensis Junii proxime preterlapsi, quod dolenter referimus, natura solveus debitum Spiritum altissimo reddiderit Creatori, nos ipsius corpore tradito reverenter ecclesiasticae Sepulturae, nolentes, quod Ecclesia nostra Abbatissa existeret solatio diutius destituta Lunae undecimam diem currentis mensis Julii de mane hora Capituli ac in Capitulo nostro Assindensi cum continuatione omnium dierum ac horarum sequentium concorditer nemine penitus discrepante prefiximus, et in his scriptis prefigimus ad Electionem futurae ipsius Ecclesiae Abbatisse in nostro Capitulo celebrandum et ad alia omnia peragenda, quae ipsius electionis contingere quomodo libet dignoscuntur.

Ut igitur hujus prefixi termini ignorantium pretendere nemo valeat, nec possit, omnibus ac singulis vocem in dicta electione debite et legitime

---

[1] Manustripte im Königl. Staatsarchiv zu Münster, Tom. 105, p. 151.

facienda habentibus, prefixionem hujusmodi duximus intimandam, ac pro nobis ac quolibet nostrum hoc tempore presentium pro intimata habemus.

Monentes et requirentes omnes et singulos, quibus praesentes hae nostrae litterae per Notarium legitimum intimatae et insinuatae fuerint vel alias, ad quos per affixionem in valvis collegiatae et parochialis nostrae Ecclesiae assindensis earum notitia venerit, quatinus dicta die mane hora Capituli et ad Capitulum ejusdem Ecclesiae (quam diem et horam cum omnibus diebus subsequentibus, quousque ipsius electionis negotium fuerit expeditum, tenore presentium assignamus) conveniant, et illic compareant una nobiscum pro tunc presentibus, de futurae Abbatissae electione tractaturi et in ipso electionis negotio modo debito processuri. Alioquin nemine expectato nec ulterius etiam, quousque hujusmodi electionis negotium non fuerit expeditum, convocato, in saepefatae electionis negotio procedemus, nullius absentia quovis modo obstante. In premissorum testimonium presentes litteras impressione sigilli nostrae Decanissae, quo hac in parte utimur, vice et nomine omnium fecimus communiri. Datum Assindia, Anno Domini Millesimo quingentesimo septuagesimo quinto, die sabbati secunda mensis Julii.

(L. S.)   Ex speciali mandato predictarum illustrium,
venerabilium et honorabilium D. D. Canonissarum
et Canonicorum predicte Ecclesie Assindensis
Henr. Hiltropf, Notarius publicus et secret.

Anlage Nr. 12.

Wahl-Kapitulation der Fürst-Äbtissin Elsabetha von Manderscheidt und Blankenheim vom Jahre 1575.

Nach Kindlinger.[1]

Nachdem bey dem loblichen alten gräflichen freyweltlichen stiefft unndt keyserlichen abteyen zue Essen vergangene zeit in geistlichen unndt weltlichen sachen allerhandt gefehrliche unrichtiegkeit zuegetragen, darumb zue besorgen, da solchen beschwerlichen nachtheiligen sachen durch gemein capitular berath= schlagung nit vorgebawet, die ursachen solches nachtheiliegen verlaufs nit aus den wegh genommen unnd des stieffts unnd gemeinen vatterlandts bester vortheill, aufwachsen unnd gedeyen betrachtet unnd demselben nahgesetzt, es würdt gewieslich die alte gräflich unndt freyweltliche stiefft in endtlichen verderblichen unwieberbrienglichen unbergang gerahten muessen.

Unnd obwohln beyde capittel, die gräfliche unndt capitular junfern unnd canonissen auch bechant unndt canonichen vor dieser zeit nit liebers gesehen, dan daß diesenn vorlangst vorkommen des stieffts geistlich und weltliche sachen in richtiege gute chriestliche ordtnung gebracht unnd dies stiefft bey seinen

---

[1] Kindlinger, Manuskr.=Samml. Bd. 105. 165—178. Königl. Staats= archiv Münster.

alten rechten gerechtiegkeiten, privilegien, freyheiten, hoheit, jurisdiction, gütern, höven, zinnsen unndt renten, sambt aller pertinentz weder gehandthabt werden, so haben doch beyde wohl= unndt gemelte capittel solches vor dieser zeit uber alle billiege zueversicht unndt gütlich ersuchen nit erhalten mögen, sondern dem gefehrlichen wiederwertiegen lauf mit betrübten gemühtern zuesehen muessen,

Damit dann solcher gefehrlicher verlauf so wohl in geistlichen wie auch in weltlichen sachen aufgehoben, des löblichen stieffts wolfarth unndt gedeyen befürdert, zwischen der kunftigen fraw abtissin bey der wahl unndt gemelten capituln, als haubt unndt gliedern der erwünschter friedt unndt eyniegkeit gesucht unndt befurdert, damit wie vorgemelt das löbliche stiefft bey der alten wahren heilsamen catholieschen religion, alten rechten, gerechtiegkeiten, hohheit, jurisdiction, regalien, privilegien und indulten auch höven, renten, güetern, zienfen unndt guetern gehandthabt, als haben beyde wohl= unndt gemelte capituln sich vor die wahl unnd einer newen abtiffin election nachfolgender puncten mit vorgehender capitular berahtschlagung guetem zeitiegen raht ein= trechtieglich beschlossen, unnd wollen beyde wohl= unnd gemelte capitul in das gemein unndt abgesondert, auch ein ieder capitular vor sich selbsten, solche berahtschlagte unndt bewilliegte capita getrewlich unnd bey wahren worten ahn aidts statt bey poen der suspension halten, auch darahn sein, daß alle künftiege capitular persohnen, die gräfliche bey dem gräflichen unndt die canonichen bey ihrem capittel ehe dieselbe zue capittel gestattet, diese capitular= conclusion gleicher gestalt bewilliegen unnd derselbigen alles ihres inhalts zue gehorsamen geloben unnd sichern sollen.

So soll auch die künftiege fraw abtieß, alsbaldt nach des scrutinii publication vor der intronization unnd offentlichen abfundiegung unnd ein= leitung disen capitular beschlues unterschreiben unnd versiegeln, damit sicheren unndt geloben, allen desselben inhalt, als viel ihre fürstliche gnaden ahn= langen thut, getreuwlich, fürderlich unnd ohne einiege nahtheiliege verlengerung zue vollnziehen unnd darüber das gleicher gestalt durch andern geschicht, zu halten, alles bey wahren worten guten, trewen glauben unnd graflichen ehren.

Erstlich nachdeme die ehre gottes unnd unser alte wahre catholiesche religion den zeitlichen unndt zergenglichen sachen billieg vorzuesetzen, soll unnd will die künftiege fraw abtis ahnfenglich in dem stiefft Essen unndt dem= selbiegen stiefft ahngehöriege herligkeiten, als Brisig, Vorbeck, Steel unser alte wahre catholische religion handthaben, die abtrünniege predicanten, die sich in lehr unnd leben der alten, wahrer catholiescher religion zu wieder erzeigen, als viel müglich ausweisen, den pastorn zue Steel, herrn Dieterichen Sander zue seiner possession, deren er ohne rechtserkandtnuß endtsetzet, wiederumb kommen lassen, unnd endtlich mit hinnehmen aller wiederwertieger mengell uber unser alte wahre catholiesche religion halten unnd dieselbe in obge= melten stiefft unndt herliegkeiten uben, unndt zu uben, zu predigen und zu lehren befehlen.

Es soll auch die künftiege abtiß herrn Gerharten Schwän nah beschehener intronization uf sein gebürlich ahnsuchen zue ehiester gelegenheit vonn wegen der kirche zue Breysach neben seinem gegentheil vorbescheiden, unnd nach befienbueng zue deme gedachter herr Schwän befugt, als viel ahn ihr un= verzüglich verhelfen,

Wie aber in der statt Essen die alte wahre religion wieder einzubriengen unnd zuerhalten, auch die endtzogene vicarien unnd deren guter in voriegen standt zubriengen, endtweder durch gewalt oder gerichtliche handtlueng, oder aber durch zueschlag der güter in solche vicarien gehörieg, derhalben woll unndt soll die künftiege fraw abtieß sich mit beyden wohl= unndt gemelten capietullen, oder aber deren verordtneten berahtschlagen unndt was für raht= samb ahngesehen der gebühr volnziehen.

Die künftiege fraw abtiß, wie auch alle beyde wohl= unndt gemelte capittels persohnen sollen unndt wollen sich in der alten wahren catholischen religion mit dem char= unndt kirchengang, auch in capitular handtluengen, dermaßen erzeigen unndt halten, wie sie solches vor gott dem herrn, unndt allen ehrliebenden chrieftlichen catholieschen leuten verthebigen wollen; da aber derhalb bey dem haubt oder gliedern mangel vorfallen würde, soll darumb wie von alters ein gemein capittel beruffen unnd welcher gestalt solchen gebrechen durch ordentliche suspension gute trewe erinnerueng unndt warnueng oder aber andere mittel zue helfen berahtschlaget werden; solche capietular beruffuengh sollen alle die kierchenhaubter unndt glieder darzuegehoerieg bey ver= meydueng der suspension volgen, des stieffts notuerfft zue erhaltueng der alter wahrer religion bedencken unndt was beschlossen ohne einrede auf sich nehmen, auch wircklich volnziehen, unndt zue verhinderueng solcher wircklicher execution nichts munblich oder schriefftlich noch thätlich oder sunsten durch sich selbsten oder iemants anders vorzuenehmen; es geschehe in geheim oder offenbahren.

Unndt weill die ausseguug des sawerteigs und argwöhnieger reliegion, pflanzueng unndt erhaltung der alten wahren catholieschen reliegion ahm aller= noetiegsten, das die juegendt in der alter wahrer religion chrieftlich undt wohl instituirt und erzogen, solln und wollen die künftiege fraw abtieß beyde wohl= und gemelte capitul zu negster gelegenheit in berahtschlagung ziehen wie in der statt Essen ein bestendiege schuel ahngeordnet unndt erhalten werden möge, unndt soll die fraw abtiß mit zuesezueng einer vicarien oder sonsten alsolch chrieftlich gotseelig werck am fleißiegsten helfen befürdern.

Zum andern soll die kunftieg erwehlte fraw abtiß in sechs monat zeit sich bey der bäbstlichen heyligkeit umb die confirmation unndt die key. maytt[1] umb bestettiegung des stieftes regalien bewerben unndt alsviell ihre fürst= liche genaden belangen thut, daran nichts saumen oder einiege verhienderung einfallen lassen.

Als baldt auch die confirmation erlangt, soll die künftiege fraw abtiß dieselbe nit hienderhalten, sondern ungesaumbt publicieren, deren auch der regalien confirmation beyden wohl= unnd gemelten capituln durch uberlieferung auscultirter copien mittheilen,

Zum dritten soll die erwehlte fraw abtieß alsbaldt nach beschehener intronization wiederumb in der capitels haus erscheinen unnd daselbst offentlich ihrer fürstl. gnaden secret oder siegell, dessen ihre fürstliche gnaden dabevor ahn brieven behanduengen oder sunsten gebraucht, zerbrechen lassen.

Zum vierten sollen die gemeine capittel nit auff der abteyen, sondern in dem gewönlichen capittelhaus gehalten werbten; auch soll die künftiege

---

[1]) Kaiserliche Majestät.

erwöhlte abtieß beyde wohl= unnd gemelt capittel ahn ihren capitular gesambter oder abgesonderter versamblu[e]ng nit verhienbern, sonbern vielmehr, da derhalb einieg verhienberueng vorliefe, dieselbe von obriegkeits wegen abschaffen, unnd ein ieder capittel bey hergebrachter gerechtiegkeit pleiben lassenn.

Zum funften soll die künftieg erwehlte abtieß keinen caplan, canoniß, bechant, canonichen noch einige ander der kirchen glieber nit suspenbieren, es sey ban, das solches durch ein gemein capittell vermittels des mehrentheils stiemmen geschehe unnbt soll es damit gehalten werben vermög unnbt nach ausweisueng des in anno 69 aufgerichteten clevieschen vertrags;

Zum sechsten soll dieselbe erwölte abtieß des stiefftes alte gewohnheiten, recht unnb gerechtiegkeiten, privilegien unnb inbulten zuesambt der kierchen güetern, renten unnb gülten besten vermögens hanbthaben, vertretten unb vertheibiegen,

Zum siebenben soll es mit ben brief unnbt siegeln auf bem zeegenber behalten, vermög bessen in anno 69 durch die clevieschce räthe erthebiegten abschiebts unnbt vertrags gehalten werben unnb soll berselbiege vertrag dies= fals zue erster gelegenheit in bas werck gestelt unb volnzogen werbten; bieweiln auch bechant unb canonichen zu ben reliquien so darauf befunben werben möchten von wegen gemeines interesse ihres theils nit berechtiget sein, ist gleicher gestalt bewillieget, daß biecheniege, so vermög des clevieschen abschiebts nach eröfnung des zeegenber die brief unb siegel auf einanber zu setzen verorbnet, im nahmen unbt von wegen bechant unb canonichen beeybet werben sollen, vor allen biengen die vurgeschrieben reliquias aufrechtieg trewlich zu inventiren unb darvon vel originale subscriptum vel copiam' collationatam ehegemelten herrn bechant unb canonichen zuzustellen, unbt hetten sich alsban ein ehrwürbieg graflich capittel mit ermelten bechant unnbt canonichen zur erster gelegenheit zuvergleichen, wie es mit ben befunbenen reliquien ferner zuehalten,

Zum achten soll unnbt will die fraw abtieß in des stieftes wichttiegen gemeinen capitularsachen nit hanblen ober schließen, sonber berhalb beybe wohl= unb gemelte capittel ober beren verorbnete in die berahtschlagung ziehen unnb sollen baruber, ihre furstliche gnaden sowohl als auch die canoniessen unnb anbere capitularn ber wieberwertiegen persohnen, so zwieschen haubt unbt gliebern irthuemb unb unwillen suchen unnb erwecken, sonberlich aber ber Reppelmunbt unnbt Gerharbi Emporii unb beren anhang sich muessiegen, beren raht unb ahnschläge nit brauchen, sonbern vielmehr bechant unb capittel bey ihren gegen Emporium erhaltenen urtheill hanbthaben unnbt sunsten besfalssich unverweislich erzeigen, damit gesehen unnbt gespüret, daß anbers nit ban friebt unb bes stifftes wolfarth gesucht unbt befürbert werbe.

Zum neunben soll die künftiege erwöhlte fraw abtieß bes stiefftes gueter, lehen, höve, gülbt unnbt ziens nit vereußern, beschweren ober verkauffen, bie allodia unnbt freye gueter zue lehen nit ansetzen, bie güeter so hiebevor nit behanbieget worben, zue keinen behanbts guetern machen, sonbern alle unb jebe stieftes höve unnbt güeter bey ihrer alten freyheit gewonheit unb gerechtiegkeit laessen.

Zum zehnben was weylanbt die negsverstorbene fraw abtiessin von wegen ber güeter auf ben Dren mit etlichen münsteriechen abell, mit ben güetern in den Saalandt mit dem hof Kirdorf[1]) undt halben zehenden mit dem licentiat Rüppelmundt unndt sonsten gegen des stiefftes alten gebrauch unnd gerechtiegkeit gehandtlett, dasselbige soll die künftiege fraw abtieſſin keines wegs beſtettiegen, handthaben und verthebiegen, ſondern daſſelbieg beſten vermögens mit hüelf unndt zueſtants des capittels abſchaffen und was dargegen zue vertheibiegueng des ſtiefftes gerechtiegkeit vorgenommen vor genehm halten, auch die derenhalb ahm keyſerlichen cammergericht eingeführte proceß revocieren unnd die gueter wiederumb zue dem ſtiefft briengen unnd erhalten; demnach ſollen unndt wollen die erwöhlte fraw abtieß undt ein ehrwürdieg gräflich capittel ſich fürderlich bedencken, wie die vurgeſchriebene güeter auf den Dreyen undt dan die güeter im Saalandt zue des ſtieffts beſſeren nueßen dan biesdaher geſchehen, möchten verwaltet werden.

Zum eilften, was hohgemelte jungſt verfallene fraw abtieß wegen der probſtiennen guith genant Iſſing oder ſonſten der probſtiennen zu wieder verhandlet, ſolchs ſoll auch die künftiege fraw abtieſſin nit angenehn halten, ſondern demſelbiegen wieder ſprechen undt der fraw probſtiennen zue ein= forderueng ſolches guts verhülflich und befürderlich ſein unnd darneben einer zeitlicher probſtiennen ohn allen unndt ieglichen habenden hoch undt gerechtieg= keiten, wie die auch namen haben möchten, uberal kein intracht thun.

Zum zwoelften, weill auch der licentiat Reppelmunndt etliche hofs unndt andere güeter in dem ſtiefft Eſſen unbillieger weiſe ahn ſich bracht, ſoll unndt will die künftiege fraw abtieß ſolches auch vernichtigen, undt daß die güeter bey der hofsgerechtiegkeit undt dem rechten erben gehalten mit allem ernſt befurberen.

Zum dreyzehnden, ſoll die fraw abtieſſin die gemeine ſtende des ſtieffts ohne vorwiſſen beyder wohl= undt gemelter capittel nit beſchreiben, da aber ihre fürſtliche gnaden einen landtag auszuſchreiben bedacht, ſoll die. urſach beyden wohl= undt gemelten capituln angezeigt, undt mit deren vorwiſſen die ſtende beſchrieben unndt ſolche landtag zue Eſſen gehalten werdten, wie das von alters gebreuchlich,

Zum vierzehnden, ſoll unndt will die fraw abtieſſinn den geiſtlichen rechten vor dem geiſtlichen richter oder privilegiorum conſervatore in ſeinen fällen ben gebührlichen lauf geſtatten, derſelben undt der urtheill die in ihre crafft ergangene execution nit verhiendern, noch darzue befelch oder urſach geben,

Zum fünfzehnden, alsdann auch der ämbter halben hiebevor große unrichtiegkeit wegen daß die fraw abtieſſin jüngſt verſtorben ihre ambter gegen alten brauch ahn ſich behalten vorgelauffen, iſt verwillieget, beſchloſſen unnd abgeredt, daß die künftiege abtieß ſolche ämbter alsviel deren noch unvergeben, oder deswegen noch keine ſonderliche vergleichung beſchehen wehre, alsbalt nach der wahl vor der intronization vergeben unndt austheilen ſoll, jedoch daß die gräfliche ämbter bey den canoniſſen undt die andere ſo von alters bey dechant und canonichen geweſen, auch bey demſelben gelaſſen undt ausgetheilt werden ſollen.

Würden auch dern ämbter ein oder mehr volgent wiederumb erlebieget, ſoll ihre fürſtliche gnaden ahn ſich noch ahn ihrer fürſtlichen gnaden tafel

---

¹) Vergl S. 9 und 54.

nit ziehen, sondern innerhalb monats von zeit der erlebiegung under den capitular junkern und sonsten wie obstehet, wie von alters austheilenn, deſſen beyde ihre fürſtliche gnaden unndt ein ehrwürdieg capittell ſich furderlich unwillen zue verhüten gleichfals zu vergleichen,

Zum ſechzehenden die ſchlacht unndt backämbter betreffendt als bey denſelbiegen großer unraht befuenden, daß die hove daraus geliefert einen ehrwürdigen capittell vorbehalten, daß die embter nit wie ſichs gebühret aus= getheilet, iſt nun verglichen, daß wie von alters alles bey rechter zeit ahn gueter wahr, ahngenehmen fleiſch ſoll geliefert werden, auch darin kein mangel vorfallen, derhalben ſoll auffſehens geſchehen, daß ſolcher ambter verrichtueng durch bequeme perſohnen betretten werde, welches hiermit den ambtsinhaberen unndt verwaltern ſoll befohlen ſein.

Da aber derhalben künftieger zeit mangel vorfallen wirdt, ſoll darumb auf begehren eines oder mehr der kirchenglieder gemein capittel gemacht, der unraht vorgeben, berahtſchlagt unndt durch capitular concluſion abgeſchafft unndt richtig befürdert werden.

Es iſt auch zum 17. abgeredt unndt vertragen, daß alle zeit uf Mar= grethae neben der kemmenerſche und ſembtlichen canonieſſen capitularen zween von den canonichen bey verlehnueng unndt austhuung der höve perſöhnlich zuegelaſſen, welche die bürgen mit annehmen unndt durch die küchenmeiſterſche aufheiſchen laſſen ſollen, damit das chenige was dem capittel aus denſelben höven iährliches gebürt zue ſeiner rechter zeit treuvlich unndt unverzöglich möge geliefert werden.

Zum achzehenden ſoll die künftiege fraw abtieſſin auch ſichern und geloben, daß ihre fürſtliche gnaden die keyſerliche abtie nit anders, dann zue handen freyer wahl unndt chur beyder wohl= unndt gemelter capituln ubergeben, noch anders wölle vaciren laſſen, daß auch ihre fürſtliche gnaden keinen coadjutorem auf= unndt annehmen wollen, es geſchehe dan gleich wie es wolle, es ſeye dann mit bewilliegueng beyder wohl unndt gemelter capitular perſohnen.

Zum neunzehenden, ſoll unndt will auch die erwöhlte fraw abtieß den mehrern theill des iahrs bey den ſtiefft unndt kierchen zue Eſſen, Vorbeck oder ſonſten inwendieg ſolcher grentzen reſidieren unndt ihrer fürſtliche gnaden hofhaltueng haben, der abtey haus zue Eſſen unndt zue Vorbeck der gebühr reparieren unndt in gueten baw halten.

Zum zwanziegſten, wirdt vor rahtſamb angeſehen, daß alle iahr zum wenigſten uunnd ordinari zwey general unndt gemeine capittell, das eine auf freytag nach oſtern, das andere auf freytag nach Michaelis oder da der tag nit gelegen ſein wolle, alsdan den negſt volgenden darnach oder dabevor ahn der gewöntliche plazen gehalten, bey welcher capitular gemeiner ver= ſamblung des ſtiefftes notuerfft unndt wichtiege ſachen zu bedencken unndt beraht= ſchlagen, doch möchten der ſachen gelegenheit nach dieſelbige auf den negſt capitel verſchoben werden.

Zum 21. ſoll unndt will die fraw abtiſſin nach inhalt des Ketten= buchs auch capellanum honoris aus der mittel dechant unndt canonichen unndt ſunſt nit erwehlen unndt als der unterſiegeler ſolche capellaniam honoris durch urtheill unndt recht gegen Emporium außerwonnen, ſoll er darbey gehandthabt unndt ihme zue wirklicher execution verholfen werdten; doch soll capellanus honoris sich keiner jurisdiction die er von alters nit gehabt, gebrauchen.

Zum 22. soll unnd will die fraw abtißin, wie auch beyde wohlunndt gemelte capittel der kirchen unndt stieffts embter keinen der religion verdaechtigen geben, dieselbiege aber ein ieder dem es gebühret catholieschen persohnen, auch keine andere dann catholiesche in ihren raht (dazue vornemblich capitularn so täglich, neben andern friedliebenden gezogen sollen werden) gebrauchen.

Zum 23. gleichfals rathsamb; nachdeme die fraw abtiß jüngst ver= storben etliche brief unndt siegell hiender sich bracht, dieweill auch sonsten anderer brieflicher schein bey andern persohnen vorhanden sein möchten, daß solches alles uf das allerfleißiegste beysamen gesucht, unndt ein ieder ahn seinen ort gestelt unndt daselbsten verwahrlich behalten werdte.

Als auch zum 24. wohl nötig, daß das grefliche stiefft mit mehr adelichen freunwlein versehen, wollen die künfftiege fraw abtieß unndt ein ehrwürdig gräflich capittell nachvolgendt unndt zue gelegener zeit in fernere berahtschlagueng ziehen, wie dieser sachen ahnordnung zu geben und des stieffts erhaltung mög befurdert werden.

Als auch zum 25. rector ecclesiae s. Joannis sich den beschwernussen seiner pastorien anhengiegen canonicats endtziehen unndt deswegen ihme ob= liegenden dhienst in der Münsterkierchen nit verwalten und gleichwohl die abnutzueng unndt jährliche gefell ufheben undt genießen wollen, welches dem rechten, aller billiegkeit unndt statuten zu wieder eracht unndt gehalten, darumb ist eingewillieget, verleibt unndt vertragen, daß sich der paftor berürter pfarkirchen in Münster der canonichen statutis mit der kirchendhienst durchaus gemes halten soll; unndt dieweill ein canonicus sich mit obbestiemter canonicat unndt pfarkirchen versehen, nach seinem absterben etliche annos gratiae pflegen zu haben, so ist hiermit eingewillieget undt vertragen, das nun hinforter in solchem canonicat, so der pfarkirchen iezo anhengieg, die vurgeschriebene anni gratiae keine statt haben, sondern allezeit dem neuwen proviso durchaus gleich volgen sollen, unndt daß solches allezeit in collatione soll ausgetruckt unndt vorbehalten werdten; dieweill auch desfals ferner bedencken einfallen möchte, ist vor rahtsamb ahngesehen unndt bewilliget, daß die künftiege abtießin ihres besten vermogens, jedoch mit raht zuthun unndt beystandt des sembt= lichen capittels darahn sein soll daß eine der vicarien bei der fruhemißen im Münster furderlichst aus henden des rahts inbracht unndt bestiembter pfarkirchen incorporiert werde; unndt alsbaldt solches beschehen, soll der vur= geschriebene canonicat, so iezo der pfarkirchen anhengt bey den canonicis vermög der statuten ruhwlich verpleiben.

Was dan ferner zum 26. die austheilung in coena domini, des salms auch die Preisacker einfuhrueng neben austhuung der gueter daselbsten, wie in gleichen der erledigter pfarkierchen collationes unndt exactiones gemeiner landt unndt türckensteuwren, auch des richters und frohnen dienst sambt des pisters undt der fabricken rechnung belangen thut, mit dem soll es vermög alten wohlerbrachten prauch auch sonderlich eingewilliegter recessen unnd ver= trägen durchaus gehalten unndt durch die künftiege abtiß derselben hinwieder nichts vorgenommen noch gehandlst werden.

Hergegen sollen unndt wollen sich beyde wohl= undt gemelte capittels
persohnen gegen die künftiege fraw abtieß als ihr gebürlich overheufft treuw=
lich gehorsamb erzeigen, unbillieger weise sich ihrer fürstlichen gnaden nit
wiedersetzen, sondern ihrem obliegen durchaus, wie von alters gemeeß halten,
unndt hochgemelter ihrer fürstlichen gnaden ahnhabender hoch und gerechtieg=
keit, gülten, zehenden, zinsen, renten, gefällen undt was der abteyen an=
hengt. keine wiederwertiege ahngrief thun, sondern ihre fürstliche gnaden
vielmehr unbetrübt ruhwlich darbey verpleiben lassen undt gestatten, auch
ihres, vermögens darbey getreuwlich handthaben helfen, damit ihre fürst=
liche gnaden alsolche habende hoch unnd gerechtiegkeit sambt allen gefällen
ahn ihre posteritet ungeschmelert pringen muge.[1])

      collationirt unndt auscultirt durch mich Weirichen Hiltropf notarien
      urkundt dieser meiner eigner handt underschribueng.

Das bei Kindlinger vorhandene Exemplar der Essener Wahlkapitulation von
1575 ist nicht die Originalkopie des am Schlusse derselben genannten Notars
W. Hiltrop, sondern eine dem XVII. Jahrh. angehörende Abschrift derselben.
Nach Fertigstellung der vorliegenden Abschrift ergab sich, daß im
hiesigen Staatsarchiv noch eine andere am Rande mit Zusätzen versehene
Kopie saec. XVI. von der ꝛc. Kapitulation vorhanden ist (in Mscr. VI. 132).
Dieselbe hat auf der Rückseite des letzten Blattes den Vermerk:

      Articuli capittulationis darup die hochwirdige und wol-
      geborne Vrauw Elsbeth Graffinne von Manderscheit und
      Blanckenheim Abdissin tzo Essen erwelet anno LXXV in Julio.
      Et que in margine mutantur dat is in electione der von
      Sein darby gesath.

Abgesehen von den Zusätzen weist diese Kopie von der bei Kindlinger
nur lautliche bezw. orthographische Abweichungen auf.

Münster, 15. April 1889.   (Bemerk. des Kgl. Staatsarchivs.)

Anlage Nr. 13.

1575. — Instrumentum Probatorium.

(Staatsarchiv Wetzlar. Pergam.=Urk., Auszug.)

In Gottes Nahmen Amen. Durch dies gegenwärtige offene Jnstrument
sei Jedermänniglichen . . . daß im Jahr (1575) uff Samstag den (3. Septb.)
zu nheun Uhren . . . vormittag . . . Ist der Edle und Ehrenhafte Dethmar
von Dinsingk zu Berentorf Jn meine . . . Notary und nachbemelter
Zeugen Gegenwertigkeit uff der Gewalt zu Carnap eigener Person er=
schienen, und hat zu Berndten uff der Brechten . . . ungeferlich nachfolgende
Worte erzählt und geredt . . . Nachdem er Dinsinck vergangenen Guderstag

---

[1]) Das im Königl. Staatsarchiv zu Düsseldorf befindliche Exemplar (Kopie)
der Kapitulation enthält hier noch die Worte: Whr Elsabeth Erwelte Abbiß bekennen
und glauwen wie obsteit.

uff die Gewalt zu Carnap in eine der ... Wieschen kommen und daselbst beide Fronen des Stifts Essen, nemblich Johannsen Hohehuiß und Josten Thermeer neben einer ansehnlichen Anzahl von Huiß= oder Buerß=Leuten, so mit ... Seissen (Sensen), Schottgaffeln und Spiessen woll gerüst gefunden, diewelche das Gras oder Heu in der Wiesche abgemeit und dasselb die Carnappsche Pächtere und Huißleute uff seins Berntts Verbottung gen Vorbeck und der Abtissinnen Schloß uff ein Drieschemeren gefuirtt, und er Berndt neben ermelten beiden Fronen Ime allda bekant, daß solch Heu uff Bevelch Hoichgemelter Abbissinnen zu Essen gemähet und nach Vorbeck geführt wurde; Diewelche auch befohlen, die Leute wie sie da erschienen, dahin zu verbitten, So wolt Er Dinfinck Innen Berndten noch= mals gefragt haben, ob er auch noch bei alsolcher Bekenntnuß verbliebe, und wieviel Foeder Heues daruff gefoert, worauf gemelter Berndt geantwortet, Ja, dan Janß Hohehuiß Frone wär uff einem Pferde vor seinen Hoff kommen und ganz ungestümlich gewesen, Er sollt daruß kommen, welches als er gethan hätte, Janß zu Ime gesagt, Er soll herauß gehen und mähen ihm die Wiesche, dar sein gnädige Frau und Dinfinck umb zusammen zu thun hätten, dan Ihr Gnd. Befelch wäre, daß es J. Gnd. Stichtische Leute ab= mähen sollten und solt Er uff Befehl hochermelter seiner Gnd. frauen die Carnappsche verbotten, daß sie das Heu vur Vorbeck uff ein Driesch daselbst zum Droegen führten ...

Geschehen und verhandelt seint diese Dingen zu Carnap in obgemelten Bernts uff der Brechten Hove vur dem Hause, Im Jair ... in Beisein ... Wilhelm Ridders, Bernhartten zu Bottrop und Bernhartten Kremers ...

(Notariatszeichen.) (gez.) Notarius Diedrich Beckman.

Anlage Nr. 14.

1575, d. 27. Septb. — Instrumentum probatorium, etc.

(Staatsarchiv Wetzlar. Auszug.)

In Gottes Namen Amen ... daß im Jahr (1575) auf Dienstag den 27. Monats Septembris ... Ist in meins offenen Notary Gegen= wärtigkeit persönlich kommen ... der Edle ... Dietmar von Dynfinck zu Berentorff Itzo Ampzrichter zu Boucheim, auf der Gewalt zu Karnap an dem Toneßboelle daselbst, in meinung und gemuets zu vernehmen, Ob die Hochwürdige jetzige Erwölte Fürstinn und frau Abbissen zu Essen, sich der vermeinter Possession der Gewalt Karnap annehmen und also in vitium spolii, und die Fußstapfen der vorigen frau Abtissinn tretten wolle, und also vor den Toneßboelle an dem Brandstalle, der Carapp'scher Güter Pfechter daselbst mit ihrer Schwegerin gefunden, und sie Ihnen gesagt, daß Berndt auff der Brecht Pfechter und der nechst verstorbenen Frau Abtissinnen fronbott daselbst sie daher beschieden, hoffe, gedachter Dynfinck gnlten Berntten auff der Brecht in ihrer der Pfechter Gegenwärtigkeit und Anhören gefragt, Auß was Ursachen oder Befelch er obgnlt Pechter dahin mit den Schult= und Jren anderen Schweinen zu erscheinen verbottet, — Worauff gedachter Berndt geantwortet, die Abbissinne von Essen habe Ime solches gestrigen Tages

in Jhrer F. G. Behausung auf der Kammere selbst bevolhen, und wolle
Jr Gnd. die Schultschweine in Karnapper Holt daselbst inbrennen und die Mast
betreiben lassen, Welches als mehrgedachter Dynsinck also gehört, heft ihr
offentlich davon protestiert, und ist folgens Greite Jn dem Busch oder Holtz ...
· Geschehen und verhandelt .... zu Karnap zwischen Toneßboelle und
Koekamps Höven vorn an dem Brandstalle für Carnapper Holte ...

(Notariatszeichen.)   (gez.) Diderich Beckman
                                        Notarius publ.

1577 28/8.   Anlage Nr. 15 A.

Breisig betreffend. Drei Schreiben der Fürst-Äbtissin Elsabeth an das St. Florins-Stift zu Coblenz.

Staatsarchiv zu Coblenz.

Elsabeth erwolte Abtissin deß kayserlichen Frey-Weltlichen Stiftz Essen,
geporne Grafin zu Manderscheidt und Blanckenheim rc.

Unser geunstigh gruiß und Alles gudtz befoir, Erhendthaffter Hoch-
glerter Besonder Lieber und gunstiger, Dero newerungh, einbrach und turbation.
Als in unserem Lendtgen Breysach und der orth unserem Stift Essen sowoll
als dem Stifft zu Coblentz zu mercklichen Abbruch vorgenommen, wissen
Ewer gunsten sich den merhentheilh woll zubericht, Dweilh nun sollich
ungevurliche newerunghen mehr und mehr einreissen, dem lenger niet zu-
gesehen werden mach, wie auch beßhalben vur weinich verschienen tagen, die
Herren zu Coblentz, an uns gantz fleissich und bedechtlich geschrieben und
furberligster zusamenkumpsth und notturftiger schließlicher communication mit
uns und unserem Ehrwirdigen Capitell zu pflegen, begert, und dan wir in
sollichen saichen Ewer gunstigen gutten raitz und beywonnungh gerne brauchen
wollen, Als ist unser geunstigs und fleißigs begeren, Jr wollen uns und
gmeltem unserem Capitell darinne zugefallen und wilferich sein, und uns
tagh und zeidt, so inen aufs allerirst und furberligsth glegen sein kan mit
unseren und unsers Capitels verordnet ghen Breisich zu ghehen und die
notturfft am besten wie sie zu thun wissen, verrichten zu helffen eigentlich
vermelden und zuschreiben, Demnach wollen wir die unsere und von Coblentz
auch dahin zukommen, bescheiden, Deß und alles gudtz wir uns zu Ewer
gunsten versehen und seintz gneigt geunstiglichen zu verschulden und vergeben
und begeren hirauf irer geunstiger zuversichtiger antwurdt.

Geben Vorbeck am 28. Augusti Anno 1577.

An Dechen Werneren Schenck.

Abschrift aus den Akten des Königlichen Staatsarchives zu Coblenz, betreffend
das „Ländchen Breisig" Fasc. I. 1545—1600. (Folio 60. b.)

1577 13/9.   Anlage Nr. 15 B.

Eilsabeth rc. Unseren gruiß und alles gudtz befoir, Würdige, hoichglertte und Erhendthafte Liebe, Besondere und geunstigen, Wiewoll wir
unserem jungsten schreiben nach, in saichen dero gebrechen und unleidtlicher
beschweerungh in unserem Landtgen und Herligkeit Breisich entschlossen
gewesen und vur nötich und raitsam angesehen Ewer Würden den tagh der

zufamenkumpft und Communication gegen den 22. jßlauffendß monatß zu
beftimmen und zuzuschreiben, Werden wir doch daran durch andere, zu=
fallende und überkommene auch hoich anfehenliche faichen ehafft verhindertt,
Damit aber nichß denen in diefen noithwendigen faichen lenger kein verßugh
fein foll. Haben wir jegenwertigen, den Erhendthafften hoichglertten unferen
auch lieben Befonderen und geunftigen herren Werneren Schencken Dero
Rechten Doctoren, gnedigh und geunftiglich begert auch demfelben befolhen,
an unfer Stadt mit Eweren Würden von diefen faichen mitturfuglich zu
underreden und feh eins eigentlichen und entlichen furderlichen tags der
Zufamenkumpft zu vergleichen, Wir dan Seine Würden von feiner Erhendt=
hafte weiter mundtlich vernhemmen, auch Jnen darinnen dißmalh gleich uns
felbfth gentzlichen glauben geben wollen, und habens Euer Würden alfo
mit empfelhungh in fchuß des Almechtigen, glegenheit und notturft der
faichen nach nicht mugen verhalten. Geben Vorbeck, am 13. Septembris
Anno 1577.

An Herrn Dechen und Capitull des Stiftz fanct Florins bynnen Coblentz.

Abfchrift aus den Akten des Königl. Staatsarchives zu Coblenz, betreffend
das „Ländchen Breifig", Fasc. I. 1545—1600. (Folio 61.)

1577 31/10.   Anlage Nr. 15 C.

Elfabeth ꝛc. Unfer geunftigh gruiß und was wir gudts vermugen
zuvoran, Wirdige Erhendthafte und hoichglertte, Liebe, Befonderen und
geunftigen. Nachdem fich in den nachteiligen gebrechen, in unferem Lendtgen,
Herligkeit und gebiete zu Breifich unfer beiderfeidtz hoichnötige Zufamen=
kumpfth Communication und noitturftige entfchlieffungh gegen hofnungh und
zuverficht, durch allerhandt vergelauffene impedimenta und unglegenheit biß=
hero vertzogen und gleichwoll wir fampt unferem Ehrwirdigen Capittell niet
liebers fehen wollen, dan datt follichem noithwendigen werck ein mailh ihn
lengeren aufffchub wircklich nachgefetzt würde. Als haben wir uns zu al=
follicher Zufamenkumpfth, tagh und tzeidt bedacht und entfchloffen, nemblich
fontach wilcher fein wirdet der fiebentzehender tagh fchirftkommendts monatz
Novembris gegen den abendt zu Breifich anzukommen und negftfolgendts
tags, als den 15. deffelben monats, den morgen tzeidtlich die handlungh
vor die Handt zu nemmen und die noitturfft beften fleiß zu bedencken und
zu berattflagen. Da nun Ewer Würden und gunften folliche tagh und
tzeidt mit gefallen und gelegen fein woll. Deffen begeren wir derfelben
geunftige und richtige antwurdt, und habens inen (denen wir geunftiglich
zugethan) mit befelhungh in fchuetz des Almechtigen alfo niet mugen ver=
halten. Geben in unfer Stadt Effen am letzten Octobris Anno 1577.

Den Wirdigen Erhendthaften und hoichglertten, unferen lieben Befonderen
und geunftigen Herren Dechan und Capitul fancte Florins=Stiftz byinnen
Coblenz ꝛc.

Abfchrift aus den Akten des Königl. Staatsarchives zu Coblenz, betreffend
das „Ländchen Breifig", Fasc. I. 1545—1600. (Folio 62.)

Anlage Nr. 16.

1577. — Instrumentum protestationis des Edlen, Ehrenvesten Dethmarn von Dinsinck, 2c.

(Orig.-Perg.-Urk. im Staatsarchiv Wetzlar.)

(Auszug.)

In Gottes Namen Amen. Durch dies gegenwärtige offene Instrument .... kundt und zu wissen, daß im Jar nach Christi .... 1577 uf Montag den 23. Septbr. zu 12 Uhr zu Mittag .... Ist der Edler und Vester Dethmar von Dinsinck zu Berentorf in meiner offenen Notary und nachbenenter Zeugen Gegenwirtigkeit persönlich erschienen und nachdem gestrigen Sonntag daselbst zu Essen in Sanct Gertrieden Kirchen wie er sagt öffentlich durch einen Kirchengeschall übergerufen, Es soll ein Jeder der gemeint were das erschienen Eckeren im Karnapper Holtze zu kauffen, nechstkommenden Gudenstage den morgen zeitlich am Hove zu Karnap erscheinen, und der Gepür darumb handlen, u. hait gemelter Dinsinck den Ehrbaren Johan von Münster Offerman in Sanct Gertruden Kirchen So solche Ueberruffung gehört, daselbst tegenwärtig gefragt, wer Ihnen die Ueberruffung befohlen, und aus weß Befehl er dieselbe gethan? Darauf gemelter Johan von Münster geantwortet, das hette er uß befehl der Hochw. in Gott Fürstinnen und Frauen, Frauen Elßbethen, geporner Gräfin zu Manderscheid und Blankenheim, deß Kais. freiweltlichen Stifts Essen Abdissinnen, seiner gnädigen Fürstinnen und Frawen, deren Diener er wäre, gethan. Dan Jobst J. F. Gnd. Fronbot Ime davon ein Scedul gebracht, daß er es uff befehl J. F. G. also überrufen soll, von welcher Responsion und Antwort obgemelter Dinsinck offentlich und zierlich protestiert und sich bezeuget, Bittende von mir nachbenentem Notario Ihme darin ein oder mehr, u. s. w.

Geschehen und ergangen seint diese Dinge zu Essen uf dem Markt vur des Erbaren Jürgen Beckmans Bürgers daselbst Behausung an der Satzungh, in beisein der auch Erbarn 2c. Lobsen Küpers zu Gelsenkirchen und Georg Wessers Bürgers zu Essen.

(Notariatssiegel.)

(gez.) Diederich Beckman, v. Päpstl. u. Kaiserl. gewalt .... am Kais. Cammergericht immatriculirter .... und des Amtsgerichts Bochum verpflichteter Notarius.

Anlage Nr. 17.

Elsabetha, Fürst-Äbtissin des Stifts Essen, geborne Gräfin zu Manderscheid und Blankenheim, bestätigt und ergänzt die alten Satzungen und Privilegien von Steele und verleiht zugleich der Stadt Steele ein eigenes Siegel. Am 22. Februar 1578.[1]

Wir Elsabeth des kayserlichen freiweltlichen Stiffts Essen Abtissin, geborne Gräfin zu Manderscheidt und Blankenheim, Thun kundt kennen und

---

[1] Diese Urkunde wurde, wie auch das alte Bürgerbuch, zufällig in den 70er Jahren vom damaligen Beigeordneten Simon Rindskopf unter altem Gerümpel aufgefunden und vor dem Untergange bewahrt. Von den von Kindlinger in seiner

zeugen mit bieſſem Brieffe vur unß und unſere Nachkommen Abtiſſenn, Nachdem ſich nun eyne zeitlangk mit unſeren Underthanen Ingeſeſſenen zu Stele und deren Zugehörigen, Jrer habender und ſunſtig angemaiſter Bürger= licher Satzungen und Gebräuche halber, allerley mißverſtandt und Jrrungen zugetragen: Derowegen wir als die Landtfürſtin und gebürliche Obrigkeith, ſie die von Stele gnediglich vorbeſcheiden und abgehört, — Diweill ſie dan von angezogenen Jhren gerechtigkeiten und gebräuchen und deren Poſſeſſion auß irer bürgerlicher Rollen und ſünftige bericht vorbracht und gethan und darumb unß undertheniglich und demüthig erſocht und gebethen, Wir Innen eyne willigmeßige und gevürliche maißordnungh und Reformation über dieſelbige ire Gerechtigkeit und gebräuche gnediglich ſtellen, dieſelbige verneuern, auch Jnen verbeſſeren und meheren, Und darüber nothtürfftig Schein und beweiß mittheilen wollen,

So bekennen wir demnach vur unß und unßer Nachkommen, daß wir denſelbigen unſeren Underthanen Jnwonnerenn zu Stele und Jren angehoerigen vur ſich und ire Nachkommen, dieſelbige ire Gewoinheiten und bürgerliche gerechtigkeit, geſatzt, reformiret, geordnet, verneuert, vermehret und verbeſſert haben und thun ſollichs hiemit, Nemblich alſo und dergeſtalt,

Wie hiernach von articulen zu articulen geſchrieben ſteit,

Anfenklich und zum Jrſten[1])

Soll eyn Bürger oder Bauer zu Stele uff Lichtmiſſen und andere gewoentliche und gebürliche Zeithe ſeine ſpynde vur die ärmen zu bringen ſchuldigh ſein; Wie imgleichen uff die Hagelfeyer eyn Jder Bauer einen Pfenningk und die Houeuener (Pächter) brie Hellinge.

Jtem off einig Bürger, Baur oder Heuener ſeine ſpynde uff die gebeurliche Zeithe verſuymbe (verſäumte) Soll zur breuchen (brüchten) gelden ein halff pund Waſſes, halff uns und unßeren Nachkommen und die andere halbſcheid für bey von Stele.

Und Derjenige, ſo ſeyn ſpynde briemalh verſeumbt oder verſitzt, Soll ſeyner Bürgerſchoff damit entwehert ſein und dieſelbige wiederumb uffs neue wynnen, und danneben gewürliche breuche Geldes, alleth halff uns und die ander halbſcheid bey von Steele.

Es ſoll auch Niemandtz daſelbſt zu Stele einigh Ambt treiben oder gebrauchen, Er ſey dan ein Burger, Doch alle zeidt uns und unſeren Nachkommen das Juden geleidtz und was dem anhenckt allerdingh vorbehalten.

„Regiſtratur d. Stifft Eſſend. Landesarchiv“ aufgeführten für die Geſchichte von Steele ſo wichtigen Dokumenten iſt jetzt nur noch bieſe eine unter Nr. 1 aufgeführte Original=Urkunde vorhanden. Aeußerlich iſt bie auf ſchönem ſtarken Pergament — Quer=Folio=Blatt von 40,4 Centimeter Breite und 23,2 Centimeter Höhe — in 32 Zeilen ſehr zierlich und ſauber geſchriebene Urkunde verhältnismäßig gut erhalten und innen nur an den Seiten durch Angreifen etwas beſchmutzt; in der Mitte des unteren ca. 4 Centimeter umgeſchlagenen Randes hängt an doppeltem Pergamentſtreifen das an der oberen Kante nur wenig läbirte dicke Siegel aus rotem Wachs, von 4,5 Centimeter Durchmeſſer.

[1]) Man vergleiche hiermit: „Die älteſten Statuten der Stadt Steele“ im Anhang meines Vortrags „Die Anfänge der Stadt Steele“ im Elften Heft der Beiträge zur Geſch. v. St. u. St. Eſſen. (1887.) Ebenſo: „Materialien zur Geſchichte der Stadt Steele“ von W. Grevel. 1878 und 1879. (Sep.=Abdr. aus dem Ruhrboten.)

Item der ein geboren bürgers Kyndt zu Stele ist soll die Bürgerschaff wynnen mit Sey venningen, Ein Jnkommelink aber mit vier Marken Essendt.

Auch soll ein jeder Bürger seyne vestunghe und waiche, der eine gleich als der ander fleißig und ohn mangel bewaren und halten. Und so Jmandtz darzu verseumblich und nachleßig sein würde, so offt des geschehn, soll sein bey ferlust und verwirkungh seiner bürgerschoff. Und mehr also seiner bürgerschoff entwehrt ist, Soll wiederumb alß eyn außwendiger und Jn= kommeling vurgevorter moißen (müssen) winnen, Sunder eynige Gnade.

Item Wehr seinen Mitbürger verspricht und schmehet Und daß wir recht dargethain konndte werden, Soll dadurch auch seine Burgerschoff verwirkt haben, Und die mit eyne Markh wiederumb wynnen. Darzu davon gevuernde breucken gelden Halff uns und unseren Nachkommen, und die ander halbscheid Jnen den von Stele.

Wer auch kein Bürger zu Stele isth, Soll seine bieste nicht mit auf die Marke und Gemeinheit treiben.

Es soll auch ein jeder Bürger uff die gemeine Marcke nicht weiter oder mehr rotten dan vünffzig wyden, darmit ehr sein Dorvdeilhstainde helt, So soll auch niemandts rotten, ehr nu sey ein Bürger, bey einer Marcke brüchten halb uns und die andere halbscheid denen von Stele.

Nun sollen die zeidtliche Bürgermeistere zu Steele alle jair uff Sanct Peter ad cathedram vur der gemeinheit und bürgern daselbst Jhn Gegenwärtigkeit unserer beyverordneten von allen auffheben und außgeben alsollicher brüchenen (Brüchten) clarlichen rechenschoff und gefürlichen bescheid thun. Und sollen aldann sie die von Stele einen neuen bürgermeister ahn statt deß ältesten erwelen und kiesen.

Item sollen die von Stele furheirden-Geld, Portzen Geld, wegh-geld und Hagen oder Vestungs geldt, durch Jhren biener (der doch unß und unßeren Nachkommen vereidet und verpflicht sein soll) binnen Stele und so weith und fern Jre bürgerschoff bynnen und buißen (außen) wendet, mugen pfenden laßen und die vande (Pfande) umbschloin. Wie auch Jnen den von Stele daß Schuetten der bieste (des Viehes) vorbehalten sein soll, Und so Jmandtz den Schutzstall sellffwillig auffbrechen würde, Soll der gebuer darumb gebrüchtet werden, halff unß und unseren Nachkommen und die ander helffte Jnen den von Stele.

Item wannehr die Juden, So wir daselbst vergleiben, etwas ver= wirfen und breuchen und sich sunstig einigeswegs nicht wie willig halten wurden, Sollichs sollen die von Stele unß und unßeren Nachkommen unter= thäniglich anzeigen, So wollen wir nach gestalt und Gelegenheit der Sachen alßban darin der Gepuer (Gebühr) befelch und einsehens thun, Auch sollen diejenigen, So die Schloesselen zu den pfortzen zu Stele haben sollen zu unserem gesynnen alzeidt bey tagh und nacht die Portzen eröffnen.

Und diesem nach haben wir gedachten von Stele gnediglich verliehen und zugelaßen Daß sie nun hinfüro eynen Siegell, So under drien ryngen in eynem ghelen velde, gefertigt, haben und durch Jre Bürgermeisters zu verwharen, und allein jn gebungh oder Uffehemmung (Aufnahme) in der Bürgerschoff, auch ehelicher geburth halber, Zeugnuß zu geben unb dan in guetlichen Verdrägen zwischen Ingesessenen und Bürgern, gebrauchen laßen mügen sollen.[1]

So soll auch diese unsere gnädige Zulaßungh und bewilligungh wie hieroben specificiret, und gesetzt, unß und unßeren Nachkommen Abbyssen überall nichtz präjudiziren noch nachttheill geberen, Vilmijndt vilbenanten unseren Underthanen zu Stele einigh vurtheilh oder gerechtigkeit geben. Sonder vilmehr unß und unßeren Nachkommen daselbst zu Stele aller unser Hoich und gerechtigkeit, hoher und nidder Obrigkeit allenthalben vorbehalten sein.

Wo sich auch einiger Bürger, Inwonner oder Bauer, zu Stele gegen obgemelte articulen sampt oder bisonder aufflhennen, widdersetzen oder ungehörsam sein wolle, oder widerstände, Soll derselbige darumb nach gelegenheit, mit gepuerender straff und brüchten, angesehen werden Und sols mit der bruechen desfals, wie oben gemelt ghalte werden, alles ohn gefehr.

Urkundt der Wairheit, haben wir Elsabeth Abtissin, vurg. unseren Siegel vor unß und unsere Nachkommen abbißen an diessen brieff wissentlich thun und heißen hangen, Der geben isth Ihm Jair nach Cristi Geboirtt Thausendt vünffhundert Siebentzig und acht am zwey-undtzwanzigsten tage des Monatz february: —

Anlage Nr. 18.

1578 den 25. November. — Johan Graf zu Dhaun und Falkenstein zu Falkenstein bittet Rüdiger von der Horst, ihn und seine Familie bei der Hochzeitsfeier des Grafen Wirichs v. Dhaun u. F. zu vertreten.

Manderscheidt'sche Corresp. 1538—1597. Conv. III.

Staatsarchiv Düsseldorf.

Dem Ernvesten unserm besonders liebenn Rüdigern von der Horst, Churfürstl. Cöllnischen Marschalk, unsern lieben Freundt und Brudern.

Johan von Dhun Grave zu Falkenstein Herr zum Oberstein und zu Bruch ꝛc.

Unseren günstigen Gruß und geneigten guten Willen zuvor, Ehrnvester besonders lieber und guter Gönner und Bruder. Demnach der Wolgeborne Wirich von Dhun Grave zu Falkenstein Herr zum Oberstein und zu Bruch, unser geliebter Vetter, Unß, unser geliebte Gemahlin und die Unseren, zu dero L. vorgehabt Heulichs und Ebeberedungh auch Hochzeitlichen tag, so den 17. diß gehaltenn werden sollen, beschrieben und erfordert gehabt, aus leibsschwachheit und blödigkeit halben

---

[1] Das Siegel ist, wie schon im Text erwähnt, abgebildet und beschrieben bei „Endrulat, Niederrhein. Städtesiegel, Düsseldorf 1882", S. 36 u. Tafel XI.

aber uns und unſer lieben Gemahlin zu getroffen, wir ſeiner L. zu Ehren zu erſcheinen nicht vermocht, Doch unſeren geliebten Sohn Grafen Sebaſtian ſolchem allen unſerſeits und aus ·verwandtnuß beizuwohnen abgefertiget gehabt, wie S. L. auch ſchon albereits uf'm Weg geweſen,

Demnach aber S. L. vernomen, ermelter Eheberedungs-Tag, wie wenigers nit der Hochzeitlich Ehrentag angelegener Urſachen verſchoben und erſtreckt worden, Jre L. zu Vermeidung vergeblichen Raiſens daruf wieder= umb gekert und wieder anher begeben, Wan wir dan liebers nit ſehen noch wünſchen mögten, dan daß wir Perſönlichen mit unſer geliebtenn Gemahlin (möchten gern ſelbſt doch kommen, können aber wegen Krankheit ꝛc. nicht, auch der Sohn kann diesmal nicht reiſen, deßhalb bittet er) . . . .

Alſt gelangt an Euch unſer günſtiges Sinnen, Jr wolltet unbe= ſchwert . . . bei mehrgedachts unſers Vettern Ehberedung auch hochzeitt= lichen Tag S. L. beiſtendig und berätĥig erſcheinen (und ihn und die Seinigen entſchuldigen, viele herzliche Grüße und Glückwünſche ꝛc. über= bringen) . . . „viel glückliche zeitliche und ewige Wolfahrt, und daß ſolch ihr L. Chriſtlichſt Gott wolgefelliges Vorhaben zu Lob und Preis Gottes des Almechtigen uf kommung Namen und Stammes und zu Merung gantzer Freundtſchaft gereichen möge" . . . .

Datum Falkenſtein den 25. Novembris 1578.

Anlage Nr. 19.

A.

1579 den 4. Februar. — Gräfin Elſabeth reklamiert rückſtändige Einkünfte aus ihrer früheren Stellung als Äbtiſſin, und quittiert über den Empfang.

Staatsarchiv Düſſeldorf.

Wyr Elſabeth geborne Grävin zu Manderſcheidt und Blankenheim thun kundt und bekennen hiemit offentlich und in krafft diß breiffs. Nachdem uns Jorgen Itziger Schulte zu Gerkinge auf jüngſt in Anno Sieben und Siebentzig verſchienen Martini ſechszehn Malder Waitzen ver= fallen und ſchuldig worden, und uns dieſelben zu bezalen unpilliger weiß bis anhero verzogen, daß wir demnach unſer volkommen gwaldt und vol= macht gegeben und zugeſtellt haben, geben und zuſtellen derſelben hiermit aller beſten Form, maß und geſtalt ſolches Immer vermog der Recht auch Gerichtz Sit und gewoinheit nach, am beſtendigſten beſchehen ſolle, ſondte oder mochte, dem Erſamen unſeren lieben beſondern Renthmeiſtern Arndten Dieckman in unſerem Namen und von unſert, wegen von obgedacht, Jorgen und wer ſich ſeiner ferner annemen mochte, obberurte noch unbezalte ſechszehn malder waitzen gerichtlich oder außerhalb gerichtz zu fordern in zu manen. (wird mit allen Vollmachten ausgerüſtet) . . . Alles bei ver= bindungh unſer Hab und Gütter mit begebung aller beneficien, freiheiten,

Exemption und Außzuig, als wen dieselb hierzu außdrücklich benent weren, Urkundt der warheit haben wir Elßabeth Grävin obg., diß mit eigener Handt underschrebenn, beschein am vierten Februarij Anno ꝛc. 79.

B.

Wir Elsabeth geborne Grävin zu Manderscheidt und Blankenheim thun kundt und bekennen hirmit gegen menniglichen, daß uns Jorg Schulte zu Gerking alsolche sechszehn Malder wait so uns auf jünghin in Anno 77 der weniger Zalh verschenen Martini verfallen, bezalt und zu unsern guten willen vergnügt, Sagen drumb Innen und wer deßhalb ferner Quitirens notturfftig von obbemelten bezahlten sechszehen malder weitzen, loß ledig und quitt, und bedanken uns deßhalben guder bezahlung, Urkundt der warheit haben wir Elßabeth Gravin obgesch. diese Quitantz selbst eigener Handt underschrieben, Ahm vierten tagh Februarij Anno 79.

Anlage Nr. 20.
Schreiben des Grafen Wirich VI. zu Broich an den Erzbischof Gebhard zu Köln.
Staatsarchiv Düsseldorf.

1579 den 5. October. — Dem Hochwürdigsten Fürsten und Hern Herrn Gebhartenn Erzbischoven zu Cölnn und Curfürsten Herzogen zu Westphalen und Engern ꝛc. Meinem gnedigsten Churfürstenn und Herrn.

Hochwürdigster . . . .

Es hatt die Wolgeborn mein freuntliche liebe Gemahlin geborn von Manderscheidt u. Blankenheim, Gräfin zu Falkenstein, frau zum Oberstein und Broich ꝛc. Inn Zeitt Jr. Liebden verwaltung des Kayf. freyweltlichen stifftz Eßen dem Erenhafft Hochgelerten Ludwigen Falckebergen dero Rechten Licentiaten ein Hoff in E. Churfürstl. G. Amt Gudesberg gelegen, auf ein geringe Zeit von Jaren verliehen und verpfachtet. Darob jarlichst Jederzeit Regierender Abbißen obgl. stifftz Eßen zu raichen und zu laisten, wie die vorigen Verwahrer des Hoffs gethan haben, Darüber Jr. L. Jme auch briefflich urkunden und gnogsamen schein wie der ortts bräuchlich mitgethailt,

Wiewoll nun Jr. L. solche Zeitt auß da sie gemelten Stift vurgestanden, denselben mit allem treuen Fleiß bermaßen verwaltet, daß sich Jro Successoren darab mit fuegen in billig nit beclagen können. Darumb dan auch vor Jrer L. ervolgtenn freien Abstandt ein Ehrw. Gräfflich Kapittel, (alß auß dero Mittel ein ander Haubbt und Nachfolgerin wiederum erwehlt werden sollt) daselbsten umb so viel desto mehr Jrer L. gepflogen Administration, durch ein Capitular einhelligen Beschluß under Jrer Jeden handen und gemeinen Capittels siegel ratificirt (wie E. Churf. D. das Alles ab beiliegenden Copien ferners gnedigst zu vernemen). So wolle doch die hochwürdige Frau Elisabeth beider Stifter Eßen und Nottelen erwölte, Abdißin geborne Gräfin von Sayn ꝛc. meine liebe Baß, wolermelts meines Gemahls geschene Verpachtung obangezogen Hoffs nunmehr nit gelten noch Ihmen Falkenbergern bei obangeregtem einhebendenn breiff u. siegel bleiben laßen, daran er noch durch Contz Becker seßhafftig zu Gudesberg verhindert wirtt,

Dahero Ich dan auch die fürsorg wage, daß wolgedachte Abdiße gegen andere meins lieben Gemahls gepflogenn Handlung und Administration gleiche Einträge suchen und vurnemen möchte (wie albereitz in mher fällen beschehn) deßhalben E. Churf. G. underthenig ersucht, auch darüber theils gnedigsten bevelh außgehen laßen,

Wan nun Gnedigster Churfürst und Her, Daßjenig was also Gräfflich und wollbedachtlich gehandelt Ja billig auch gehalten und volnzogen werden solle, und dan nit allein wolermelt meiner geleibsten Gemahl fast beschwer= lich daß J. L. Administration in Zwivell und Disputation gezogen, sondern mir auch als Jr. L. Chevogten nit weniger verdrißlich und verkleinerlich, daß dasjenige so Jr. L. obgesetermaßen versiegelt ohn erkantnuß Jro und mir zu unglimpf retracteirt werden sollt, wie dan imgleichen wolgedachte Abdißin meine liebe Baß nit weniger ungern sehen wurde, daß Jrer Hochw. und L. versiegelung von den Nachkommen vernichtet und aufgehoben werden sollt,

Derwegen Jrer Hochw. und L. mit nichten geburn wolle, wolermelts meins lieben Gemahls gethann Versiegelung wider solch stattlich obangedeutt eingewilgten einheiligen Capitular beschluß und ratification zuhindersetzen und zu vernichten, wie E. Churf. G. alß der hochverständigste selbst gnedigs zu ermessen wißen,

Und dan gemelter Hoff in E. Churf. G. Erzstifft Collenn dero Land= fürstlicher Obrigkeit und angezogenen Dorff Gudeßberg gelegen, Derowegen Ehr Falkenbergh undertheniger Hoffnung durch E. Churfürstl. G. auf sein underthenig anruffen, und diß mein begern und schreiben, Darumb Ehr Euch ersuicht, wider obberürt behinderung gnedigst verholfen zu werden,

So gelangt an E. Churf. G. mein unterthenigste Pitt, sie geruhen Das alles mit Churfürstlichem gemuth zu erwegen, und wolermelt meins Gemahls gegeben breiff und Siegel dermaßen gnedigst zu handthaben, daß Ehr Falkenberg bey erlangter Pachtung bleiben muge, und deßwegen not= wendige gnedigste Versehung thun laißen, Damitt ehr durch E. Churf. G. Underthanen Contz Becker zu Gudeßberg daran nitt behindert werde,

Daran beweisen E. Churf. G. ein Landtfürstlich gerecht Werck und mir gnedigsten gefallen, welchs umb E. Churf. G. die der Almech= tige In freidtsamer glücklichster hoher Churfürstlicher Regierungh und frö= licher gesundtheit lanckwirig gefristen wolle, Ich underthenig zu verschulden allzeit geneigt E. Churf. G. gnedigste zuverleßige Antwortt erwartendt,

Datum Broich am 5. Octobris Anno ꝛc. 79.

E. Churf. Gnd.
unterthenigst gehorsamer
Thiener
(ex original.)   Wirich von Duyn Graff zu Falkenstein ꝛc.

Anlage Nr. 21.

Elisabeth, Gräfin von Manderscheid und Blankenheim, Pröbstin zu Essen, gratuliert ihrer Schwester Elsabeth zur Geburt eines Sohnes.

Staatsarchiv Düsseldorf.

1582 den 15. Juni. — Der Wolgebornen Frauwen Elzabethenn gebornen von Manderscheidt und Blankenheim Grävinnen zu Falkenstein, Freuwen zu Broich ꝛc. meiner freunt= licher lieber Schwesteren . . .

(Am oberern Rand ein Stück abgefreſſen.)

(Einleitung, Gruß zuvor ꝛc.) freuntliche liebe Schwester, welcher maſſen E. L. von Gott dem Almechtigen so gnediglich des natürlichenn Bandtz erloſſen und entbunden und mit einem jungen Soen so gnadenreich verſehen das habe Ich mit ſunderem freuden alhir gerne vernommen Darzu und neb ich (nebenbei) wünſchen E. L. Ich von dem barmherzigen Gott heill und Wolfahrt, gentzlicher verhoffung das junge erzilte Herrgen soll zu Gotts ehren seiner selbst seligkeit und E. L. zum freudenreichen Troſt er= wachſen und woll gedeien. . . . Seyn also E. L. betlagers gelegenheit by gegenwärtigenn brengern zu vernemen begerig, sonderlich aber da ſich E. L. schwachheit in natürlicher gesundheit endert. Meine leibswolfahrt, dem gütigen Gott sey davvor lob und Preiß geſagt, sollen E. L. hirmit merken, Der Allmechtige will zu beyden seydenn weiter was zur seligkeit angehört, hinzuſetzen, E. L. hirmit underm segen gots lange gefriſt zu werden vrüntlich empfehlend

Datum Eſſen am 15. Juny anno LXXXII

E. L. guetwillige

Schwester

Elissabeth fräulein tzo

Manderscheidt.

———

Anlage Nr. 22.

Schreiben der Fräulein Elisabeth von Manderscheid und Blankenheim, Pröbstin des Stifts Essen, an ihren Schwager Wirich von Dhaun zu Broich.[1]

Staatsarchiv Düsseldorf.

Mynen fruntlichen groitz und weß ich in ehren leibs und gutten vermach tzo vor, wolgeborne fruntliche lebe broeder, E. L.[2] schrebens is myr heudt dato van tzeiger uberantwordt worden daer auß ich dan E. L. gesuntheidt und geluckseligen wolstandt heb mytt freuden vernomen vur myn

———

[1] Dem Inhalte nach ist anzunehmen, daß das Schreiben aus den erſten 80er Jahren des 16. Jahrh. datiert werden muß.

[2] Soll jedesmal heißen: „Euer Liebben“. Die Handschrift iſt sehr undeutlich.

perſoen danck ich dem almechtigen der beidder ſeidts woll fortan ſyn gottliche genaet vorlehen, deweill E. L. ſchreben das dweil ich E. L. am leſten geſchreben daß ich na Eſſen woll reiſſen und ſulches ſich ſunß lange verhogen das ich E. L. woll verſtendigen off ich ouch ſo baldt werde komen daer uff kan ich E. L. neith verhelden das ich willens waer verleden woche na Eſſen ho trecken ſo ſyn ich auß ehlichen oerſachen daeran verhynderdt worden und verſehe mych es werde ſich ouch noch an de X oder XIII. dage ungeferlich verhehen ehe ich na Eſſen kan reiſſen das E. L. myr ſchreben ſo vern myn gelegenheidt noch nitt were na Eſſen ho komen das E. L. mych dan in eigener perſoen wollen erſenchen (beſuchen) da mych dan weiß gott woll herhlich ſeir na verlangett und E. L. ſyn myr weiß gott van genhem herhen willekom und E. L. willens doch nitt in vergeß ſtellen waer ich E. L. erungen beynſt oder gevallen wiſte ho erheigen das in mynem geryngen ver= moegen weir ſo ſall E. L. mych alleheidt as ire goetwillige Sweſter fynden und myr ho gebeden geben ouch kan ich E. L. nitt verhelden das unßere waß (Baſe) van ſeyn (Sayn) geſteren na Nottelen is gereißett und mych alhe angeſprochen und as ich auß jrer L. reden doch verneme ſo ſollen jre L. vell (Liebben wohl) dair in willigen werden das unſſere baiß van Overſteyn jhund in das capittell kome as E. L. dan in E. L. ankomen van myr woll vernemen werden und thun E. L. he mytt in den ſchyrm des allerhoechſten bevelhen. Datum jlenh Coysvelt XXII. Novembris.

E. L. genh guttwillige Sweſter
Eleiſſabett ſho Manderſcheidt.

Dem Wolgebornen Herrn Wirichen van Dhaun Graiffen ho Falckenſteyn und Overſteyn, Herrn ho Bruch, mynem fruntlichen Bruderen ho Henden.

Anlage Nr. 23.

Anna, Fräulein zu Falkenſtein, Stiftsdame zu Eſſen, ladet ihre Verwandten zu Broich zu einem Beſuch nach Eſſen ein.

Staatsarchiv Düſſeldorf.

158.. 4. Februaris. — Dem Wolgeboren Herrn Wirichen Graff zu
Falkenſtein Her zu Oberſtein und broich Meinen frünt=
lichen lieben Vettern

Wolgeboren Herh lieber Vetter, ich hab vernomen das de hochwirdige und wolgeborne F. Margreta geborne Greffin zu Manderſcheid Abdißen zu Elten by E. L. zu broch an ſein kommen, ſo will ich wol früntlich von E. L. begert habben, das E. L. an beyden Greffinnen als Abdißin und E. L. Gemahl vernemen willten, ob ir beider lieffden ſich nit einmal her ebber verloſtiren willen, ich darf E. Beider liebben nit laeden, dan ich E. L. die gebur nach nit tractiren kan, aber want yr L. von ſelbs keimen, weren E. L. mir von Herhen wilkom, ich bit E. L. we mein lieber Vetter, willen de beſogn her fueren, und helffen E. L. kurtweil machen, ich bit E. L. willen mich doch laſſen wißen ein Dag oder drey vorhin, das ich

ein wenig zu kann machen laffen rüften, dieß weres mir wilkoeme gefte
weiß Gott, Dem ich E. L. ihm ſchutz und ſchirm befolen tho, ich bit
E. L. tho mein Gebiedenis an der Abbißinnen und meiner baßen, ich hoff
Wallbrig Anna[1]) ſal nu ni mehr ſpeen eſſen, ſonder brey und was ir wol
ſchmeckt. Das geſeggenet yr got, Datum eſſen 4. Februarius

E. L. getrew baß allezeit

Anna Freulein zu Falkenſtein.

(ex original.)

Anlage Nr. 24.

**1587 den 21. Februar. — Teſtament des Grafen Wirich von Dhaun=
Falkenſtein, Herrn zu Broich.**

Staatsarchiv zu Düſſeldorf.

In dem Nhamen Gotts Amen. Nachdem Ich das zeitlich Leben von
Gott dem almechtigen empfangen und niemalen umb meiner angebornen
Erbſünde willen, von anfangk der Welt Adam und Eva mich hievon ererbt,
das zeitlich Leben umb ein beßers durch Chriſtum allein zuerlangen verlaeßen
muß, und nichts gewißers als das hab, aber nicht ungewißers, als die
unverbeigenckliche ſtunde.

So habe Ich mit gutem geſunden gemüth und Leibs auch mir von
Gott geringkſchätzigen Verſtandt, vor ein dienlich, duegent hoech nettig Werckh
erachtet meinen letzten willen oder Teſtament zu machen und zu verordnen,
wie Ich den denſelben hiemit ordne, mache und nach nutzlicher dieſer Welt
ordnungh begere gehalten zu haben.

Gebe als zum erſten meinen vornembſten ſchatz mir von eingeblaeſene
und (gegebene ſeele von Hertzen der Gotlichen almacht (dieſelbe derſelben un=
vergengklichen Freuden theilhafftig zu machen in ſeine Gotliche Gewalt) gantz
und gahr (als zu meinem eintzigen Zuverſicht) heim.

Meinen Corper bitt und beger Ich verordnet zu werden Chriſtlich von
bannen Er kommen ohne Pomp, pracht und Unkoeſten, allein chriſtlich der
erben zu beſtatten, das den armen die Unkoeſten und anlage mögen zu=
gewendt werden, ſo viellicht darauff gehen mögen.

Sol auch einmals hundert Reichsthaler vor die armen ausgeben und
in Dero behueff angelegt werden.

Ferner über meine Verlaeßenſchafft und guter zu diſponiren oder
teſtamentiren in anſehung die auff meine Kinder (ſo mir durch Gots ſegen
beſchert und gegeben) anerbt achte Ich ohne noeth.

Wil alſoe hiemit Hans Adolffen als den Elteſten und Wirichen als
den Jungern Söhnen Jren verordneten Vormunderen zu gehorſamen in
geiſtlichen und weltlichen Sachen (und von beide Jhre ſchweſteren durch Gots
ſegen zu Jren Jahren kommen ſein) bei ſtraeff ſo der her den ungehorſamen

---

[1]) Walburg Anna war die jüngere Tochter Wirichs und Elſabeths, damals
noch ein Kind.

6

Kindern ufflegt Ihre Schwesteren Margareten und Wolpurgh Annen nichts
ungepuerlichs vorzulagen noch die zu verstoßen eingebunden haben, sondern
dieselbe als Ire liebliche schwesteren und mitErben (Weilen Ihnen als den
Söhnen alle Erbguitteren voraus gebuerth) wofern dieselben sich eherlich und
fromblich verhalten mit Ihnen bruderlich leben und sie der gepuer nicht
ohne raeth der Freunde unterhalten und wän sie durch Gots versiehungh
und raeth der Vormunder Herrn und freunde verheuraetet sollen werden,
sollen sie vor al jeder (entwedder zum heiligspfenningh oder abscheidt,
Vier Thausent Thaler ad — 52 alb. lauffenden gelts haben.

Wil dagegen und hiemit Margarethen meiner Eltisten und Wolpurg
Annen meinen Jungsten beeden Dochteren uff kindtlichen gehorsaem und liebe
so sie zu Iren Vatter und Fraw Mutter so die erde bedeckt, eingebunden,
befohlen und den gebotten haben, das Sie Ihren hern Freunden und
Vormunderen vornemblich Ihren Bruder Hans Adolffen und Wirichen nit
ferner zumuethen wollen, dan von der verlaesenen erbschafft wan andern
als wol gehaußet sol werden nicht meher zu erschwingen, Innen in eherlichen
gepuerlichen (so nicht wieder Got) sachen Schwesterlichen in aller lieb und
freundtligkeit wie vorgerurt erwiesen und verhalten, Ihre leben, olsoe langk
der almechtige Ihnen das hie zeitlich verliehen wirdt mit einander in freuden
und frieden eintrachtiglich endigen und hinbringen.

War Zäignuiß meiner itzigen hinderständigen und von mir unbe=
zahlter Schultt.

Item der Probstinnen meiner Schwägerinnen [1] und Schwester 1000 Thlr.
innhalt siegul und Brieffe so in meiner Registratur da Probstinne vorstehet
umbstendligen Bericht neben hinderstendigen Pensionen zu finden.

Imgleichen hat meine Baaß Frewlein Anna Brieff, [2] Ihr Bruder mir
geleinten gelts, wie in der Registratur Frewlein Anna auffstehet zuerfinden,
Wesel und der Richter haben nachrichtungh und mein handt.

Weiß nirgendts meines Wißens ferner schult dan Plackschult davon die
Rentmeister hie und zu Burgel Rechnungh thuen werden, was mir dagegen
an Verfellen schulden und Brüchten hinderstendigh wißen die Richter, Rent=
meister und Froenen.

Dweilen da in Verrichtungh solchen letzten Willens (in betrachtung
jeder Zeit wäißen und underjahrigen, wie die heilige Schrifft mitbringt
zugesetzt wirt) hab Ich nicht unpillig zue Troest meinen Vatter und Mutter=
losen underjarigen Kindern treu Hüter und Vormünder durch dieß Testament
und letzten meinen Willen einen zu bewerben bedacht.

Bitte derhalben dienstlich und freundtlich durch Got hiemit die Wol=
geborne als Bluitsverwandten und angeborne vertraute Freundt als nemblich
Hern Herman Grafen zu Manderscheit, wollen sich meiner kleiner Kind als
ein getreuwer treu handlen (daher sich alsdan den namen haben sollen)
annemmen, dieselbe vertretten, und in Ihren rechthabenden Sachen schutzen
und schirmen, dergestalt wan Got mich gefristet Ich inen und den Ihrigen
sampt und besonder gern gedienet, troestlich und behilfflich gewesen were mich
jeder Zeit befließen und erkhendt haben.

---

[1] Elisabeth v. M. und Bl., Probstin zu Essen.
[2] Anna von Falkenstein, Kanonissa zu Essen.

Wie dan meine veräibte Diener N.N. durch schreiben nach meinem
hinscheiden mit Vorwißen der negstgeseßenen Freunde einen Jeden der gebür
bitten und durch diesen meinen letzten willen begere sollen, neben dem einem
jeder Vormunder den irsten das beste alsoe gradatim den andern, Dritten
und Vierdten einer meiner Pferdt eins geschenckt und verehrt werden sollen.

Dieß Testament ist durch mich copeilich geschrieben und geendigt am
21. Februar Anno 1587 Jmpfal mich der Todt übereilet, beger Jch die=
selbe vor Original gehalten zu werden.

(gez.) Wyrich, manu propria.

Testament des Grafen Wyrich von Dhaun.

Anlage Nr. 25.

**Die Ermordung Wirichs VI., Grafen zu Dhaun und Falkenstein, zu
Broich am 11. Oktober 1598 durch die Spanier.**

Nach einem in Form einer Zeitung im Januar d. J. 1599 gedruckten Flugblatt.[1]

Erschreckliche böse Zeitung dessen kurtz
Nothwendig vnd Wahrhafftiger bericht.

Was sich in den Nieder

lendischen Westphälischen Kreyß Inner=
halb drey Monat zugetragen.

Nemlichen wie Vebertyrannisch / Vnmensch=
lich vnd Viehisch des Königs zu Hispania Kriegsvolck
auff des Reichs Grund vnd Boden ohne vnderschied wieder
Männiglich an Hohe vnd Niedrige Man vnd Weibes
Person gehandelt.

Der Werden Christlichen Teutschen Nation Männiglich
zur warnung/bey dem lieben Gott mit jrem hertzlichen Ge=
bet anzuruffen.

Darmit diesem vbel gestewret in Druck gegeben.

Im Jahr / 1599.

Nach einer kurzen Einleitung, in welcher ausgeführt wird, daß man
nach den langen Wirren und Kriegen endlich auf friedlichere Zeiten hätte
hoffen dürfen, heißt es sodann wörtlich:

„Dem allem nun stracks zuwider mus man leider jetzt sehen vnnd
mit schmertzen erfahren, welcher massen vnser geliebtes Vaterland dz
Reich Teutscher nation sampt dessen gehorsamen Stenden, ohne einige

---

[1] Diese in meinem Besitz befindliche als Nr. 7 bezeichnete Zeitung besteht aus
16 Quartblättern; die erste Seite enthält obigen Titel und zwischen den Worten
„in Druck gegeben" und „Jm Jahr / 1599" einen Holzschnitt von 10 cm Breite
und 8,3 cm Höhe. Derselbe stellt eine Burg oder ein Schloß vor, aus welchem
prozessionsweise viele Personen ausziehen, im Vordergrunde zahlreiche Reiter in
voller Rüstung. Ohne Zweifel soll dies die Affaire von Broich vorstellen.

6*

gegebene urſach, und unerachtet ſich deren viel weder einem noch dem andern theil anhengig gemacht, ſondern der neutralitet befliessen, ungewarnter ſachen, wider alle Ehr und Erbarkeit, aller Völker Recht und Kriegsgebrauch zuentgegen, gantz feindlicher Tyranniſcher und erbärmlicher weis, mit großer gewalt und Heereskrafft überzogen, verhegt und verderbt, Stedt, Schlöſſer, Clöſter, Stifft, Dörffer und Adeliche Heuſer theils mit gewalt, theils durch harte bedröwunge eingenommen, gebrantſchatzt, ranzonirt, geplündert, die Unterthanen und Landvolk von Haus und Hoff zu lauffen, alle ihre Nahrung dahinden zu laſſen, und ſich mit Weib und Kindern bei der harten Winterszeit in das bittere elend zu begeben gezwungen, **Adeliche Perſonen gebunden aus ihren Heuſern hinweg geſchlept,** hernach Mörderiſcher weiß mit kolben zu todt geſchlagen, vorneme Evangeliſche Reichsſtende hefftig betrawet, geſandten und botſchafften höniſch und mit ſpott abgefertiget, und kürtzlich zu melden durch gedachtes Königlich Spaniſch Kriegsvolck mit morden, todtſchlagen, rauben, und plündern, Frauen und Jungfraw ſchenden, dermaſſen abſchewlich, und mehr denn Viehiſch tyranniſirt und gewütet, das es Türcken und Tartaren erger nicht machen köndten, auch mit worten nicht auszuſprechen noch jemals dergleichen gehöret worden, wie der günſtige Leſer aus nachfolgender kurtzen und ſummariſchen erzehlung zu vernemen hat.

„Demnach der Fürſtl. Durchl. Ertzhertzog Albert Gubernator in Niederlandt nechſthin im Monaht September nach Italia verreiſſet, und ſich kurtz zuvor gegen jederman viel gutes erbotten, und ſonderlich dem Hertzogen zu Gülich gantz freundlich und Nachbarlich zu geſchrieben, iſt Franciscus de Mendoza deß Konigreichs Arrogonia Admiral und Königlicher Spaniſcher Feldoberſter, mit ungefehrlich 30 000 Mann zu Roß und Fus unterſchiedlicher Nationen, durch das Fürſtenthumb Gülich in das Herzogthumb Cleve zurückt, erſtlich die Staadiſchen Außleger oder Schiff, ſo auff dem Rhein zu vertheidigung Deſſelben gelegen, biß gen Rheinberck mit Gewalt abgetrieben; und obgemelten des Ertzhertzogen Alberts Schreiben und Erbieten, ſo er ſelbſt mit gebracht, durchaus zuwieder, ſich alsbald der Clevischen Staadt Orſoy am Rhein gelegen, gemächtiget, darauf das Schloß daſelbſt eingenommen, die Güliche beſatzung darauß geſchafft, immittelſt auch den Flecken und das Schloß Alpen, unangeſehen der Churfürſtlichen Wittib ein anders mit handgegebener Trew, Briff, und Siegel verſprochen geweſt, eingenommen, folgendts den Mehren theil, kriegsvolck mit dem geſchütz über den Rhein geſetzt, gegen der Stadt Orſoy über, im Dorff Walſum eine gewaltige Schantz auffgeworffen und beſetz, von dannen in das Fürſtenthumb Bergen gefallen, für deß Wohlgebohrnen HE. Wirichen von Daun, Graffen zu Falckenſtein und Oberſtein residenz und Häußliche Wohnung Bruch, ſo ein Fürſtlich Bergiſch Lehen, gerückt, daſſelbe belägert, beſchoſſen unangeſehen wolgemelter Graff ſolch Hauß, ſampt denen bey ſich habenden Gülichen und eygenen Soldaten auff beſchehene zuſag und Handt gelübt, und ander gute

Wort, daß weder ihme noch den seinen am Leib, Haab und Gut etwas leydes zugefügt werden solte, sich zur Auffgebung bereden lassen, zuvor und ehe er belargt vom Admiranten Salvaguardi begert sich jederzeit neutral und unverweißlich erzeigt so sind doch wiedrgegebene Trwen und Glauben gemelte Soldaten mehrentheils als bald umge= bracht, der Graff selbsten nach etlich Tagen außgestandner gefänglicher enthaltung erbärmlicher und unverhörter weis ermordt, und das Hauß gantz außgeplündert worden, als der Leser nachfolgend mit mehren umbständen zu vernehmen.

Den 6. tag Octob. ist wohl gemeltem Graffen gewisse zeitung einkommen, daß die Spanischen daß hauß Bruch mit gewalt einzu= nehmen entschlossen, derohalben er denselbigen am Abendt seine Gemahlin sampt den Frauenzimmer vom Haus geschickt, im meynung folgenden Tag sein beste und liebste sachen auf etliche Wagen zuladen, und abwegs zu schicken, welche er aber nicht vollenden mögen, den stracks den 7. tag Octob. ware daß Haus am morgen frühe schon berent, belargt auch zugleich etliche grobe stück davor gestelt, und damit das Hauß denselben tag über ziemlich beschossen worden. Auff den 8. tag Octobris Pallamentiert der Graff mit den Spanischen und handelt so fern, daß mit ihme verglichen würd mit denen bey sich habenden Soldaten frey abzuziehen wird ihm auch Geleit zugesagt bis er an sein gewahrsam keme, darauf der Graff daß Hauß geoffnet, mit seinen Soldaten, so mehrentheils außgesetzte Schützen waren, abgezogen, aber er ward als bald von den Spanischen Volck angesprengt, Gefangen genommen, der Schützen biß in vierzig auf das nechste Oberfeld geführt, da sie nit allein die Wehren von sich legen, sondern auch sich nacket außziehen müssen, hernach wie das schlachtvieh jämmerlich gemetzelt und ermordt, also daß nicht über einer oder zween salviert worden.

Es waren aber noch 6. Schützen dem Hertzogen zu Gülich zuständ, die wolten dem Wetter nicht Trauen oder den Spaniern Glauben ver= krochen und machten sich ein wenig beyseits, bis der meiste grim fürüber war, immittelst rissen die Spanischen dem Graffen die kleider vom leib, er wehre auch gleich mit den andern ümgebracht worden, Wan ihn nicht ein Hauptmann von dem kriegsvolck weggeführt und auf ein sonderbahr Gemach gebracht hett: Also waren auch die schützen, so sich, wie vorgemelt, verkrochen, oder verborgen beim leben erhalten, es haben aber die Spanischen deren zween genommen, nacket auß= gezogen, daß sie nicht einen faden am leibe behalten, einen zur rechten, den andern zu lincken dem Graffen an die Seite gesetzt, doch wardt auf des Graffens fleißig bitten den gemelten 6. Schützen das Leben geschenckt, und also mit Leben davon gebracht, immittelst aber der Graff auff seinem Zimmer mit Hellenparbirer fleissig verwacht, und niemand der seinigen bei ihm gelassen worden, dann sein Vetter ein Herr von Hardenberg, und ein Leibjung.

Den 10. Tag Octob. ist der Capitein auff das Hauß kommen, und zum Graffen gesagt, er möchte wohl frey abgehen, so er wolt, darauff der Graff geantwortet wann es ohne gefahr seyn könte, auch sonsten kein nachdenckens hette, wolte er mit dem Capitein einmahl hinunter spatziren, ist also am nachmitag hinunter gegangen, und weil der Capitein mit war, nicht böses beförchtet: Auff dem wege spüret er viel Schweis oder Blut hin und wieder von den erschlagenen, da sagte der Graff zu seinen leibjungen, siehe das ist unser Diener Schweis, wan sie dergleichen auch mit uns zu thun willens, were es mir lieber heute dann morgen.

Als er nun weiters gegangen, bis an seine Mühlen, so auff der Ruhr liegt, ist mit einen Keilen oder Kaussen andere sagen mit einer Hellen= parden oder stück von einen Federspieß zur Erden geschlagen worden, also das er mehr nicht sprach, dann mit gen Himmel gehobenen Händen, Ach Herr rc. fiel also zur Erden, ward alsbald durchstochen, auch biß auf den 12. Tag Octob. daselbst unbegraben liegen bleiben: Also hat der dapffere Heldt und liebhaber seines Vatterlandes sein leben jämmerlich lassen müssen und gleichwohl der todte Cörper nicht ruhe haben können, sondern ist in einem kleinen Hüttlein durch die Spanischen zu Aschen verbrent worden."

Diesem mögen noch einige weitere Nachrichten aus dem interessanten Schriftstück folgen:

„Kurtz vor diesem ist das Stettlein Santen Clevischen gebiets unversehens von den Spanischen erobert, darinnen viel Bürger, Weib und Kinder umbbracht, und folgends ausgeplündert worden.

Nicht lang hernach haben sie auch die Clevische Städt Büderich, Dinßlaken, Holt und Rees durch eußerste betrawung einbekommen, die Frontier und Grenitz, Schantzen und Landwehren eingerissen, die Be= satzungen umbs Leben gebracht oder verjagt." . . . .

. . . „Dann haben sie Anholt, Schulenbercks, forters im Stifft Münster Bocholt, Borken und in der fest Recklinghausen Dörsten eingenommen. . . .

„Und haben die Spanischen im Fürstenthumb Cleve allein zwischen der Lipp und Issel hernach gesetzte Heuser und Clöster eingenommen und geplündert: 1. das Haus Dinstfort, unerachtet ein Spanische Salvaguardi darauff gelegen, haben sie mit allem was von vielen Dörffern darauff geflohen, geplündert. 2. Das Haus Belling= hofen hat zween Stürm abgeschlagen, den dritten verlohren, durch= aus geplündert und alle Menschen darin ermordet. 3. Obenberg geplündert. 4. Das Closter Schlenhorst geplündert, die Adeliche Jungfrauen zusammengesperrt, ausgezogen, genothzüchtigt und schendlich zugericht."

(Aehnliches wird berichtet über Asfeld, Haus Gran, Hacken= hausen, Empel, Rossaw, Wenge, Haus Hint, Closter Maria= thal, Closter Fried, u. s. w.)

„Ebenmassiger gestalt ist es auch mit dem gezirck zwischen der Lipp und Ruhr gangen, dann 1.) haben sie wie zuvor angeregt, das Haus Bruch gentzlich geplündert, und einen merklichen Raub an Gelt, Cleinodien und Früchten bekommen, mit dem redlichen Graven aber umbgangen, wie oben vermeldt worden. 2. Neuenhaus ge=

plündert und den Vorhof abgebrandt. 3. Hueffen gar geplündert. 4. Fundern den Vorhoff in den Brandt gesteckt. 5. Bernbruch ganz geplündert. 6. Füert. 7. Haus Clandt. 8. Haus Manug. 9. Mehrung. 10. Rheinschenkhaus bei Cleve. 11. Schwartzen= berg. 12. Dornicks. 13. Winnenbühel. 14. Haus Lohn. 15. Das veste Haus Schulenburg geschossen, eingenommen, ge= plündert und kürtzlich zu melden das **Stift Werden** und **Essen** verheert und beraubt, und in dem Gezirck der Lipp und Ruhr mit Mann und Weibspersonen eine solche schand und mutwillen geübt, auch in allen Höfen und Dörffern dermassen schaden gethan, das es nicht auszusprechen."

Es folgt dann ausführlich die Einnahme von Dorsten den 24. Novbr., ferner die Plünderung von Unna, Kamen, Lünen, Hamm, Lübing= hausen, Herberten, Coesfeld, Borken, Haltern, Dülmen, Stadtlon, Südlon, Alen, Beckum, Rheine, Warendorf, Telgte, Sendenhorst, ebenso die Brandschatzung der Stifter Osnabrück und Paderborn. —

Als Anhang enthält das Schriftchen dann noch:

1. Copey Printz Moritzen schreibens an die Westphelischen Creyßstende zu Dortmund, d. d. 30. Septbr. 1598;

2. Abschrift des Herrn Carl Nutzels von Sondersbühel Kays. Gesannten Schreiben an Franciscum de Mendoza Admiral von Arrogonia d. d. Cleve den 30. Oct. 1598.

Die im Anschluß an diese Beschwerdeschreiben noch weiter erzählten Einzelheiten sind nicht wiederzugeben.

3. Copey Schreibens des Hispanischen Kriegsvolcks=Obersten, Don Francisci de Mendoza an den Bischof zu Paderborn d. d. aus dem Läger zu Rees, den 10. Decbr. 1798.

Den Schluß bildet ein Artikel „Zeitung aus Westphalen", Datum den 30. January 1599, in welchem die Vorfälle unter Hinzufügung weiterer Einzelheiten nochmals zusammengefaßt werden.

Anlage Nr. 26.

Personalia der 1611 verstorbenen Fräulein Margaretha, Gräfin zu Falkenstein, ꝛc. (Tochter der Gräfin Elsbeth).

Königl. Staatsarchiv Düsseldorf.

So ist nun zu wissen daß diß verstorben Grävelich Fräulin, Fräulin Margareth zu Falkenstein, von weilandt denen Wolgebornen Herrn Wirichen von Dhun Graven zu Falkenstein, Herrn zum Oberstein und zu Broich und Frauen Elsabethen Grävinnen zu Falkenstein ꝛc. Geborne Grävinnen zu Manderscheidt und Blankenheim, Frauen zu Junckerodt zu Dhaun als Ihro wolseel. ꝛc. Herrn Vattern und Frauen Muttern, auch Christ und gottseeliger gedechtnus Anno 1579 den 22. Decembris zur Weldt geporen und kurtz hernacher nemblich Aº. 86 den 3. Septembris im 7. Jahr

Ihres kindlichen Alters derselben Frau Mutter gantz unzeittig verloren und Todes verfahren seye, Wie sie auch denselben Herrn Vattern A°. 94 den 8. Octobris[1]) Nemblich In Ihrem recht blueenden Alter des 16. Jahres gar erbermlich und Thyrannisch dergestalt beraubt worden, das nitt allein an alle benachtparte Ortter und Stede, sondern schier in gantz Deutschland solcher jammerliche Todt erschallen und ein schrecken gepracht hatt, In was große betrubnus und traurigkeit aber damals dieß Vatter und Mutterloße Fräulein vor Anderen gesetzt, Sonderlich als hernacher A°. 607 den 4. February Ihre wollseelg. und vielgeliebter Bruder weilandt Grawe Wirich zu Falkenstein der Jüngere auch feindt und erbarmlich todt geplieben, undt dadurch die alte Wundt und schmertzen gleichsam wiederumb erfrischt und erneuert worden, hatt ein jeder Christ bei sich selbst verständig zu erachten, So hat es auch genugsam bezeuget Ihr still Gottseelig und einsam Leben, so sie mehrerentheils geführt bey denen Grävelichen Verwandten, dabei sie ehrlich und Grävelich erzogen, ehe und bevorn sie hiehin kommen, wie sie dan auch nit weniger nun In 4 Jahr dieser orts bei uns in Gottesforcht dergestaldt zu leben sich befließen, das (also zu reden) wissentlich oder vorsetzlich, kein Kind von ihr erhöret worden, und gleichen Ruhm eines Christ und Gottseeligen Wandels auch bey uns hinderlaßen, zu geschweigen, das sie ein sehr geraume Zeit, Ins 10 Jahr wenig gesunder Tag oder Stunden gehabt, biß sie endtlichen den 28. Decembris des verflossenen 611. Jahrs zwischen 3 und 4 Uhren nachmittags ohn Ach und Wehe mit anruffung des nahmens Jesu zum ungezweiffelten Ewigen leben seelichlich entschlafen der rp wolseelich und uns Allen der getreue Gott An jenem großen Tag eine fröliche ufferstehung gnedig verleihen wolle.

Anlage Nr. 27.

Leichen-Prozeſſion
des Grafen Johann Adolph von Dhaun, Grafen zu Falkenstein, Herr zu Oberstein und Bruch ꝛc. 1623.[2])

Staatsarchiv Düſſeldorf.

Ordnungh und Proceſſion Gehalten bey begräbniß weilandt deß Hochwolgebornn Graffen und Herrn, Herren Johann Adolph von Dhaun, Grafen zu Falkenstein, Herrn zu Oberstein und Bruch ꝛc. Meinen gnedigen Herren.

1. Sein die Schöler vorgangen, haben gesunge d. 92. psalm.
2. Ist gefolgt der Rector, nebens seinem College.
3. Sein gegangen der Pastor und Capellan.
4. Denen sein gefolgt die Fheurer, u. Keller zu Burgell, Vorbeck und Bacharach.

---

[1]) Muß natürlich heißen den 11. Oktober 1598.
[2]) Dieselbe fand statt zu Mülheim a d. Ruhr. Im Königl. Staatsarchiv finden sich mehre solcher Begräbnis-Protokolle und mag das vorstehende als ein Beispiel ähnliche Feierlichkeiten damaliger Zeit dienen, welches auch besonders interessiert durch die Namen der mitwirkenden Persönlichkeiten.

5. Sein gangen In glieberen Acht abliche Träger
  Rittmstr. Lohaufen, Rittmstr. Morih von Jffelftein
  Bavyr zue Buerken, Cappell zu Wittringen
  Schenck zur Horst, Schell uffm Bergh.[1]
  Aßbeck achter dem Bergh, Reck zu Scheppen.

6. Sein vier gefolgt So die Tobten Bahr gebragen Jhre Wollfelg. G.[2]
  Holtsgräff, Zöllner, Kohlmeffer, unb Schreiner.

7. Sein gefolgt Beibe Hoffmeifters
  Casper lipperheibt zum Stein (?) unb
  Werner Hunbt zum Bufch.

8. Jft gefolgt bie Leich, barüber erftlich gehangen ein fchwarh
  englifch Thuch, unb barüber ein Samtnete Deck, baran an jeder
  feit gehangen vier, unb vorheubte, wie auch zu füeßen ein Wapen.

9. Nebens bem Leichenwagen sein gangen Acht Perfonen an jeder
  feit vier, So ben Sarck vom wagen bören follten uff bie Bahr.

10. Jhrer Gb. wollfeelg. Leibpferbt, gfhürt burch Cornett Heeß

11. Sein gefolgt ber Wittiben von Breberobt Gefanbter,
  Alexanber von Hochtenbruch, Lanbbroft unb
  Falkenfteinifcher Gefanbter Conrabt von Bönen, zum Bergh 2c.

12. Sein gefolgt ber Manberfcheibt'fcher Gefanbtter
  Diebrich Lipperheibt zu Bermen
  Der Naßauifche Gefanbtter Rittmeifter Loh

13. Sein gefolgt bie Walbeckifche Gefanbten
  Abam Bernharbt von Delwigh u Jörgen Sprixman.
  wie auch ber Styrumb'fcher Gefanbtter
  Otto von Vorft.

14. Gegangen ber F. Effenbifcher Abbyifcher Gefanbtter
  Johan von Delwigh, Droft zu Blankenftein
  wie auch ber Eltifcher Gefanbter Droft Bockop.

15. Jft gefolgt ber Commenthur zu Wellem unb ber Thum Cüfter
  von Hilleßheim, Gebrübere von Delwigh.

16. Gegangen bie Gefanbten ber Stabt Duißborgh
  Bürgermeifter Driptt unb Bgmftr Tack.

17. Die Gefanbte ber Statt Eßen: Kolckman, Peter Lepler
  Secretarius Caftrop.

18. Rittmr Berck, D. Knauff, D. Kumpfthoff

19. D. Knauff unb D. Kumpfthoffs Brüber

20. Die Hoffbiener

21. Die Gefanbten unb anbern abliche Diener

22. Richter, Gerichtsfchreiber.

23. Die Scheffen

24. Die fembttliche Underthanen, So manß alß frauen perfonen.
  Der Allmechtige verleihe Jhrer G. an Jenem
  tagh, ein frölige ufferftehung

       13. Mai 1623.

---

[1] von Schell zu Schellenberg.
[2] Bezieht fich zweifellos auf Steinkohlen unb Kohlenbergbau.

Anlage Nr. 28.

1659. — Wahrhaftige Erzehlung und Species facti der grausamen Mordthat, welche an H. Grafen Carl Alexander zu Falkenstein durch Moritzen zu Bronckhorst Styrum fürsetzlich am 8. Octobri 1659 auf der Lipperheyden in der Herrlichkeit Meyderich ist verübet worden. — Nebst allen dazu gehörigen ferneren Acten.

K. Staatsarchiv zu Düsseldorf. Auszug.

(Der wahre Sachverhalt soll hier, da viel unwahre Gerüchte verbreitet sind, festgestellt werden.)

Es hat sich zugetragen, daß Moritz Graf zu Styrum ungefehr 8 Monat für dieser begangenen Mordthat auß Frankreich angekommen, da er wegen Plünderung eines Adelichen Hauses, und vieler dabei begangener Excesser zu Troyen in Champagnieen auf seinen Halß bei andern gemeinen criminal personen gefangen gesessen, also daß criminaliter gegen ihn geprozedirt worden, und er sich der Execution stündlich hat befahren müssen, welche auch gewißlich zu Wercke gestellet were, wo nicht durch J. F. G. von Salm vielfeltiglich Anhalten von J. K. M. in Frankreich ein Befehl an das parlament gen. Stadt Troyen außbrecht wäre, Ihn los zu lassen, da er doch für Kosten und Schaden einige Tausend Gulden hat erlegen müssen. Nach der Erledigung hat gedachter Graf Styrum sich zu S. Durchl. Herzog Ulrich von Wirtemberg Regiment begeben, da ihm eine Compagnie versprochen worden, worauf er Erlaubniß nach hause zu reisen erhalten hat, und ist auf sein Wohnhauß Styrum angelanget, welches lieget unter der Herlichkeit von Bruch Jurisdiction, ungefehr ein Viertelstunde von dem Hause, da sich Herr Wilhelm Wirich Graf zu F. u. L. aufhält. Weil nun der Thäter so nahe war hat er oftmals Gelegenheit gesuchet Hochged. Grafen Wilhelm Wirich die Visite zu geben. Doch haben J. Gnd. von Falkenstein sich fürgenommen seine Gesellschaft, so viel immer möglich sein könnte, zu vermeiden, auß Ursache sowol wegen der in Frankreich verübten Action, alß auch daß der Thäter mit J. F. G. v. Salm nicht wohl stunde, und hierauß ein weitaussehender Mißverstand erwachßen könnt, welcher noch nicht zum Ende ist. (dabei war er als extravagant bekannt) Dieses alles ungeachtet hat der Graf von Styrum mit dem jungen Graf Ferdinand von Vehlen ihr Gnd. v. Falkenstein auff dem Hause Bruch unvermuthlich angesprochen da den so wol Her Graf Georg Wilhelm zu Leiningen alß Her Graf Carll Alexander Sehl. zugegen gewesen, da den diese Visite in ziemlicher Freundschaft abgegangen ist.

Etzliche Zeit hernach hat der Graf von Styrum, wenn er sich voll gesoffen hatte, ein und andere Ungelegenheit an unterschieblichen Orten angefangen, insonderheit gegen ihr Gnad. v. Falkensteins Hauß Bruch, von jenseit der Ruhr 15 oder 16 pistolenschuß gethan, worauff Ihr Gnd. v. F. des von Styrum Bedienten mit Nahmen Holling nacher Mülheim zu sich kommen lassen, und weil die Freundschaft zwischen gedachten J. Gd. und dem von Styrum nicht gar groß war, die Ursache solcher Cravade, welche etzliche Tage zuvor eben so getrieben war, zu wissen begehret. Worauf der bemelter Holling geantwortet, daß sein Herr bei den General Felberg mit dem Trunck eingenommen diese

Freudenschüß, auf seines Generals deß Herzog von Würtemberg und J. Gnd.
deß Grafen von Falkenstein seine Gesundheit gethan hätte, und gantz aus
keiner bösen intention, wobei es denn also ist gelassen worden.

Etzliche Tage aber hiernach sein hochged. Hr Graf v. F. und der von
Styrum im Kloster Sarn zusammengekommen, da dieser Sachen wiederumb
Meldung geschehen, doch weil der von Styrum seines obengemelten Dieners
Entschuldigung eingewandt hat, so haben J. G. v. F. in dieser als nicht
wichtigen Sachen ihre Zufriedenheit lassen blicken und sein mit dem von
Styrum nacher Bruch geritten, da sie sich einige Stunden lustig gemachet,
biß endtlich nach vielen gethanen sinecrationen bei dem Abscheidt wieder=
umb Mißverstand und Wortwechselungen sein fürgefallen, dabei dennoch
beiderseits beschlossen worden, daß morgens die Sache im Felde mit einem
duell auszuführen. Hierauff haben J. Gnd. von Falkenstein morgens mit
dem Tage dero trompetter zu dem Graffen von Styrum geschicket, ihm an=
zumelden, daß Sie da wären, hetten auch ihre Jagd bei sich, und würden
deß Grafen v. Styrum erwarten. Der Graf v. St. hat zwey Edelleute
alß den von Byle und Stein zu Ihrn Gnd. v. F. in das Feld abge=
fertigt, dadurch er sich entschuldigen lassen, daß er nicht wüßte, was den
Abend fürgegangen wäre, und dabei erwehnet, daß keine Ursache wäre, solche
gefehrliche Sache anzufangen, daß Er J. Gnd. v. F. Dinner wäre, und
weil das regenhafftige Wetter zu jagen undienlich begerte er daß J. Gnd.
zu Falkenstein mit ihm frühstücken mögte. Auf diese Auslegungen habe
J. Gnd. wiederberichten lassen, daß weil keine böse Meinung gewesen, auch
keine ehrenrührige Worte für gefallen wären, sie sich begnügen ließen und
wollten nach gehaltener Jagd ihn Grafen v. Styrum zu sprechen, wie sie
den auch dieser, nachdem etzliche Hasen gefangen waren, zwischen 10 und
11 Uhren werckstellig gemachet haben, da es den lustig daher gegangen ist,
und so wohl für als nach dem Essen etzliche 20 Pferde, Gewehr, und
andere Sachen sein vertauschet worden. Den 3. October hat J. Gnd.
v. Falkenstein den von Styrum wiederumb zu Mülheim a. d. Ruhr
tractiret, von 2 Uhren biß abends zu 7, daß alles eben messig in guter
Zufriedenheit abgegangen ist. Den 4. ist J. Gnd. v. F. auf die Jagd
geritten, da denn der von Styrum mit seinen Hunden beigekommen, und
dieselbe mit dero Gesellschaft, nachdem 5 Hasen gefangen waren, nach
Styrum geführtt, da denn an tractieren und Freuden nicht es gemangelt
hat. Endlich ist der beklägliche 8. Octobris angebrochen, da Graf Carl
Alexander Sehl. dero Herrn Vatter durch den Hofmeister ersuchen lassen,
nach dem Hern von der Horst zu reiten, und etzliche Pferde einzutauschen,
doch weil es regenhafftig Wetter war, ist solches von gedachter J. Gnd.
abgeschlagen worden, worauff er abermahl begehrt hat, auf die Hasenjagd
zu reiten, welches ebenmessig J. Gnd. ungern gesehen hat, gleich als wenn
Derselben das Hertz einen bösen Tag fürhersagete, doch auf inständiges
Bitten es endlich geschehen lassen. Auf der Jagd hat Graf Carl Alexander S.[1]
einen trompetter an den von Styrumb gesandt, und Ihn auf diese Lust
einnöthigen lassen, welcher auch gekommen ist, und nach dem 4 Hasen
gefangen, und davon 1 dem von Styrum gegeben worden, sein sie beide

---

[1] Seelg.

und eben starf nacher Hamborn zu dem Herrn Prälaten geritten, da sie
denn über der presauve, in dem sie niemahlen am fremden Orte bei
einander gewesen, streitig geworden, welches doch der Herr Praelat fuglich
beigeleget hat, und ist der von Styrum von J. Gnd. v. Falkenstein Hofmeister erinnert, daß Graf Karl Alexander gar jung und von dem Wein
überweltiget were, welches er auch selber (weil er sich geschonet hatte und
den Wein besser gewohnet war) gesehen, und verheißen hat, Nichts Thät-
liches zu beginnen, weil er spürete, daß es noch Kinderwerck wäre. Im
Wegreiten hat Graff Karl Alexander, wie auch seine Leute ihre pistolen
in die Luft geschossen, und weil durch das Taumeln des Pferdes als auch
der dabei kommenden Lufft der Wein mehr überhand genommen hatte, hat
gedachter Graff S. einen kleinen und zu keiner Gegenwehr dienlichen Degen
in die Hand genommen, und zu dem von Styrum gesaget, er solle herunter
sitzen und sich mit gleichem Gewehr schlagen, weil aber des von Styrum
eigene Leute, alß ein Lieutnant von dem Herzog von Würtemberg, und ein
Cavalier Bonenberg genannt, von J. G. v. Falkenstein aber dero Hoff-
meister und ein Francow Mons. Brouan, dazwischen gekommen, hat der
von Styrum abermahl auß falschem Hertzen gesaget, daß er nichts thun
wolle, doch hierin die Wahrheit bekennet, daß Graff Carel jung trunken,
und also Nichts anzufangen were, da er dan ist erinnert worden, seine
pistole einzustecken, und so er beleidiget were, den anderen Tag zu erwarten.
Hierauf hat der von Styrum, seinen bösen und mörderischen Einfall zu
bedecken, Graf Carl Alexander Sehl. in seinen loabs Arm genommen, und
ihn mit nach Styrum lustig zu sein genötiget. Wie sie nun Beide füran
geritten, und Jedermann gut Vertrauen hatte, hat der von Styrum schleunig
sein pistole Graff Carl Alexander S. auff die lincke Brust gesetzet, und
ihm so daß Hertze abgeschossen, daß er sonder einig Wohrt zu reden todt
auf die Erden gefallen ist. Der Thäter aber, der darumb seinen tückischen
Mord auszuführen, diese Gelegenheit ersehen hatte, ist spornstreichs davon
gejaget, weil des Grafen von Falkenstein Leute, theils durch den Schreck
ihres gefälleten Herrn, theils weil sie ihre pistolen abgeschossen, und ihre
Pferde für den Mittag mit Jagen ermüdet hatten, nicht folgen können,
also daß er die ganze Nacht zu seinem Vortheil gehabt und von der Zeit
an durch Angst seines bösen Gewissens verborgen bleibet.

Clausula concerneus.

Weil dan diese grausame und offentliche Mordthat, welche Moritz
Graf zu Styrumb an Graf Carel Alexander zu Falkenstein, einen Jüngling
noch keine 17 Jahr alt, dazu gantz truncken, der keine pistolen an den
Sattel, sondern nur einen kleinen Degen in der Hand gehabt, so gantz fürsetzlicher Weise verübet hat, und dieselbe im geringsten nicht bemänteln,
noch mit einem Schein des Rechten entschuldigen kann, alß wird hiermit
ein solches der ganzen Ehrboren Welt, und allen ohngepassionirten Gemüthern
zu wissen gethan, wie der Verlauf der Mordthat wahrhafftig an und fürgegangen ist, und wird Jedermann gebeten, den muthwilligen Thäter der
Gebühr nach zu verfolgen und anzuhalten, damit er durch die heilige
justitia und deren billige execution an Leib und Leben gestraffet werde.

Anlage Nr. 29.

Wahl und Einführung einer Pröbstin zu Rellinghausen.

Aus einem vom Rentmeister Humann zu Schellenberg hinterlassenen Manuscript.[1]

Wanner dat Capittel van Rellinchusen will keissen eine Pröbstinne, sollen Jufferen sämptlichen und Canonicke by einkommen und dan sall men lüden die Capittels Klocke und keisen dan darnach över olden gewonheiten und rechten, nicht na gunst noch na gaven, mehr na des Capittels nutz und beste,

Item der Pröbstinnen in voringe.[2]

Die Juffer die da Pröbstinne gekoren is, sall gaen staen beneden in de kerke, mit Coer-rock, röggel, hansche und mantell; so sall een Decaninne ghaen melden Jufferen und Canonichen und seggen ei, sy seye eyndrechtlichen gekoren tho ener Pröbstinnen, segt sye dan: Jha, so sall die Deckanyne die vorgewehte Junffer nemen und leiden sie vor dat hoge Altar und setten sie up enen Stoel, und laten er dan en Eidt doen als hierna geschreven steitt; wanner die Eidt gescheit is, so sall mer sie op dat Junfferen-chor leiden, op er steden, dan sallen die Junfferen singen: Te deum laudamus, dan singen die Junfferen die homisse; die Pröbstinne und Junfferen opfferen in die Schöttel, man leset oick Misse op dem Koer. Als die Misse uit iss, geit die Pröbstinne etten (essen) und nemet mit sich die Junfferen und Herren, und voert, wen sie hebben will und hefft laten bidden, die Kost sall die Pröbstinne betalen, und die Frau von Essen[3] sall mit confirmiren, und darvan sall sie geven einen Schiltt.

Anlage Nr. 30.

Juramentum Abbatissae electae.

(Ende des 16. Jahrhunderts.)[4]

Ich N. geborne Gräfin rc., erwehlte Abtissin der Weltlichen Kirchen zu Essen will allzeit meiner Kirchen getreu sein, deroselben Rechten, Statuten, Freiheiten, löbliche redliche und erbare Gewonheiten, Exemptionen und Privilegien vesthalten, was davon verkommen, nach Vermögen wiederumb dabei pringen, und ohne Consens und Rath meines Capittels Nichts davon entfremden, keine Vogten ohne Bewilligung und Rath desselbigen meines Capituls, oder ir zum wenigsten des mehren und besten theils nicht erkiesen und ansetzen lassen; zu Beschirmung meiner Kirch keinen Capellan, dan aus dem Busen meiner Kirchen nit annehmen; die Ernten, Früchten, Aufkompsten so meinem Capittel wegen ihrer Präbenden gebühren, nach Vermögen zu

---

[1] Humann setzt hinzu, das Schriftstück sei einem alten Evangelienbuche entnommen.
[2] Einführung in ihr Amt.
[3] Abtissin von Essen.
[4] Kindlinger, Manuscr. T. 105 S. 217.

gewonlicher und schuldiger Zeit lieferen lassen und verschaffen, wie mir das zustehet; Also helfe mir Gott und die H. Jungfrau Maria, die Heilige Martyrer Cosmas und Damianus Patronne gltr. Kirchen, und dieß Heiliges Evangelium.

Anlage Nr. 31.[1])

A. **Juramentum D. D. Comitissarum.**

Ich N. N. schwere und gelobe dem Allmechtigen Gott, der H. Mutter Maria, dieser Kirch Patronen Cosme und Damiano, daß ich die zu einer Abtissin erwehlen will, welche ich festiglich glaube, daß sowoll in Geist, als Weltlicher Administration die bequemste werd sein, dero aber kein Stimm zu geben, welche ungefehrlich weiß, daß durch Gaben, Geschenk, Verheißungen, oder sonst einiger Gestalt vor sich die Wahl gesucht habe, Alß hilff mir Gott und sein heilig Evangelium.

B. **Juramentum Canonicorum.**

Ego N. juro et promitto Omnipotenti Deo, B. Marie Virgini, Cosme et Damiano huic Eccl. Patronis eam eligere in Abbam, quam credo firmiter et indubitanter futura in spiritualibus et temporalibus utiliorem, nec illi votum dare, quam scurem verisimiliter promissione aut datione alicujus rei temporalis seu prece pro se aut alium interposita, aut alias qualitercunque directe vel indirecte pro se electionem . . . curare; Sic me Deus adjuvet et Santa Evangelia.

Anlage Nr. 32.

Juramentum Abbatissae Essendiensis.

Ältere Form.[2])

Ich N. N. Abbatissa tot Essen sal und wil van disser Tzytt an und foert so lange ich leve tru und holt syn der vurß. Kirchen, und sal und wil halten und bewaren na myner Witschop und Vermügen alle und ytliche der vurß. Kerchen = Rechte, Satunge, Vryheiten und leffliche redeliche und erliche Gewonheiten, Exemptien und Privilegia und alle Gulden, Guider und Renten und Thobehorunge, dei ich nun an der vurgst. Kercken finde, sal und wil ich darbi laesen salch unde bewaren. Und off dar was van verlaren offte mit Unrecht verbracht wer sunder Vulbort myns Capittels nicht ver= frembden, nyt verbrengen van der vurß. Kerken. Deck en sal ich nyt keisen noch setten eynigen Vaegt zu beschermen de vurß. Kerken, dan mit Rhaede myns zemptlichen Capittels. Deck en sal ich geine Cappellansche nomen,

---

[1]) **Kindlinger**, Ms. Tom. 105, S. 217.

[2]) **Kindlinger**, Ms. Tom. 109, S. 257.

dan eine Capittels Junffer zu Essen. Unde Rhenten und Gulden myn
vurß. Capittel van wegen orer Prebent thobehorende sal ich, als my tho=
behaert, na myner Macht besorgen, unthgericht zu werden up gebuirliche
Tyden. Und was ich meynem Kapittel gelawet und versegelt hebbe, wil
ich steit und fast halden und tegen düsse vurß. Puncte nummer tho seggen
off tho doene, so my Got helpe und bei hilge Juncffrau sanct Maria und
bey hillige Merteler Cosmas und Damianus, Patronen der vurß. Kerchen,
und düsse hillige Evangelia.

Anlage Nr. 33.

Reichs=Anschläge über das Stift Essen.

Königl. Staatsarchiv zu Wetzlar.[1]

Anschlag vom Jahr 1521.

Im Anschlag zu Worms befindet sich in der Reichs=Matricul wie folgt.

Abtissin zu Essen mit der Stadt Essen 2 zu Roß und 13 zu fueß.

Item befindet sich in des hl. Reichs Matriculn und darüber gepflogene
Moderation Acte:

Abtissin zu Essen, ꝛc. ist unbetracht fürbrachter Beschwerung und
darauff erfolgter Erkundigung, so zu Ringerung durch die Moderatores
für unerheblich erwogen, bei Ihrem alten Anschlag des 1521. Jahrs
gelassen, mit diesem Anhang, daß gemelter Abtissin Ihr Capittel,
Stadt Essen und Unterthanen in Reichsanlagen zu Steur und Hilf
kommen sollen; giebt zween zu Roß u. dreyzehn zu fueß.

Reichsanschlag vom Jahr 1545.

Abbatissin zu Essen mit der Stadt Essen zween zu Roß und 13 zu
Fuß. Davon soll die Abbatissin zween zu Roß und die Stadt 13 zu
Fuß geben.

Item in des hl. Reichsmatricule u. moderation Akten zu finden wie folgt:

Die sonderen Beschwerden der Abbatissin zu Essen haben gemeine
Kreisverordnete erwogen, aber zu Ringerung nit erheblich geachtet:
Und ist derwegen Sie sampt der Stadt Essen in Ihren alten Worm=
sischen Anschlag, nemlich 2 zu Roß und 13 zu Fuß pleiben lassen.
Doch soll gedachte Abtissin in diesem Anschlag die zween zu Roß,
und die Stadt Essen die 13 zu fuß zu Reichsanschlag geben.

Anschlag de anno 1551.

Abbatissin zu Essen zween zu Roß und 13 zu Fuß, und soll Ihr die
Stadt, Capitull und Stift zu Steur kommen.

---

[1] Laufende Nr. 587, fol. 369. (Abtissin contra Stadt Essen.) Ausführliches über
diese Verhältnisse findet man im Heft V dieser Beiträge: W. Grevel, die Militär=
Organisation im Stift Essen. 1884.

Anschlag vom Jahr 1557.

Abbatiſſin zu Eſſen mit der Stadt Eſſen zween zu Roß und drei=
zehn zu Fuß.

Anschlag vom Jahr 1567.

Abbatiſſe zu Eſſen zween zu Roß und 13 zu Fuß und ſoll Ihr das
Kapittel und die Stadt in Reichsanlagen zu Steur kommen.

(Die Richtigkeit dieſer aus der Churfürſtl. Mainziſchen Kanzlei
entnommenen Auszüge beſcheinigt amtlich der Regiſtrator daſelbſt
Johan Craiß, Notarius publ. d. d. Aſchaffenburg, den 7. Mai 1620.)

Urkunde der Fürst-Aebtissin Elsabeth vom 22. Februar 1578, betr. die Privilegien und das Siegel der Stadt Steele.

www.ingramcontent.com/pod-product-compliance
Lightning Source LLC
Chambersburg PA
CBHW030808100426
42814CB00002B/43